Gerhard Markert

Evangelische Kirche
in Ober-Ramstadt

1517   **1717**   **2017**

Bibliografische Information der Deutschen Nationalbibliothek
Die Deutsche Nationalbibliothek verzeichnet diese Publikation
in der Deutschen Nationalbibliografie; detaillierte bibliografische
Daten sind im Internet über http://dnb.d-nb.de abrufbar.

© 2017 Gerhard Markert
Herstellung und Verlag:
BoD - Books on Demand
ISBN 978-3-7448-4466-6

Kirche in Ober-Ramstadt

Kirche ist Gebäude, Kirche ist Gemeinde – beides.

Die heutige Evangelische Kirche wurde vor dreihundert Jahren errichtet. Als die baufällige, mittelalterliche Kirche durch einen neuen Bau ersetzt werden musste, war in ihr seit zwei Jahrhunderten *evangelisch* gepredigt worden. Aufs Jahr genau fallen zwei Jubiläen zusammen: »500 Jahre 95 Thesen Luthers« und »300 Jahre Ober-Ramstädter Kirche«. Ob man den Thesenanschlag als *das* Reformationsjubiläum begehen soll, sei dahingestellt; auch in Hessen gibt es über Jahrzehnte hin Marksteine der Reformation.

Auch zum Kirchenjubiläum ist eine Bemerkung angebracht. Der erste Gottesdienst in der neuen Kirche konnte 1717 gefeiert werden, also genau 200 Jahre nach dem Thesenanschlag. Die Einweihung wurde erst ein Jahr später begangen, als endlich die Geländer an der Empore fertig waren.

Anlass für dieses Heft sind die 300 Jahre seit Bestand der heutigen Kirche, sein *Inhalt* umspannt die gesamte Geschichte der Gemeinde. Die chronologische Gliederung hält sich weitgehend an die Abfolge der Amtszeiten der Pfarrer, der »Series Pastorum«, und wird nur bei einigen Kapiteln rückblickend unterbrochen.

Das Kirchengebäude

Die älteste (Ur)Kunde von einer *Kirche* in „Ramstadt" stammt aus dem Jahr 1318, wonach der dortige Kirchsatz dem Grafen Berthold von Katzenelnbogen zusteht.

»Ramstadt« könnte auch Nieder-Ramstadt sein, aber die Patrozinien sprechen eindeutig: »Zu unserer Lieben Frau« ist die Kirche des Volkes im Modautal, »Sankt Katharinen« (Nieder-Ramstadt) ist eine Kirche des Adels (auf dem Frankenstein).

Erste Informationen über die Kirche und die Gemeinde erhält man aus dem Bericht des Superintendenten *Petrus Voltzius,* der im Jahr **1557** eine Bestandsaufnahme über die kirchlichen Verhältnisse seines Amtsbereiches verfasste und Wissenswertes über die Geistlichen, Kirchengebäude, Pfarr- und Kastenvermögen, Schulen und Stipendien berichtete. Von unserer Gemeinde heißt es: »Ober-Ramstadt hat ein pastorei und ein pfarrkirche darin gehoren Frankenhausen, der Hain und Wembach. Hat zwei altaria gehapt, den ersten zu unßer lieben frauen, den andern zu St.Wendel, genannt der fruemeße altar; unser lieben frauen altar hat ein pfarrherr beneben den pastorei gehabt, den zu S.Wendel hat ein fruemeßer sampt der capellen zu S.Wendel eingehabt. Item die capell vor dem Dorf zu S.Wendling ist abgebrochen und die gefell in den Kasten geordnet.«

Wo diese Kapelle stand, dürfte kaum mehr einwandfrei zu ermitteln sein. Zwei Plätze kommen in Betracht: Der heutige Mühlberg, an dem sich noch Reste alten Gemäuers befinden, oder die Nähe des Wehrs im Talgrund. Auf letzteres weisen folgende Bemerkungen im alten Gerichtsbuch hin: 'St.Wendel uff dem Wehr', 'St.Wendel am Bach'.

Der Standort der Pfarrkirche wurde erst 1969 bekannt; er war völlig in Vergessenheit geraten. Ende des 19. Jahrhunderts schrieb Pfarrer von Wachter: »Über den Standort der Kirche ist in der Chronik keine Erwähnung getan, und konnte ich auch bei älteren Leuten, deren Erinnerung bis zum Anfang des Jahrhunderts zurückging, keine Auskunft erhalten. Ein Baustein aus der alten Kirche ist hoch über dem Portal in einem helmbedeckten Kopf aus Sandstein, dessen Bedeutung unbekannt, eingemauert.« Die Büste eines Ritters im

Harnisch, wie er um 1500 üblich war, ist rätselhaft, weil solche Skulpturen eigentlich nur in Patronatskirchen zu finden sind.

Erst bei der Renovierung 1969 erhielt man Klarheit, als in der heutigen evangelischen Kirche Reste der Fundamente gefunden wurden. Nach dem Bericht von Hartmut Lischewski, der die archäologischen Untersuchungen durchführte, konnte man aus Mauerresten und verfüllten Fundamentgräben mehrere Bauperioden ableiten:

I. spätkarolingisch-ottonisch

Die älteste Kirchenanlage war ein kleiner Saalbau, den vermutlich im Osten ein rechteckiger Chorraum abschloss.

II. romanisch - frühgotisch

Bei der Erweiterung des Kirchenraumes zu einer romanischen Saalkirche wurden offenbar Süd- und Westwand beibehalten. Dieser zweite Bau erreichte bereits die Breite der heutigen Kirche, während die Länge des Kirchenschiffes nur etwa 2/3 betrug. Im Osten schloss sich jenseits eines Bogens ein rechteckiger Chorraum an. Dabei erhielt der Altar den Standort, den er bis heute innehat.

III. gotisch

Etwa um 1300 wurde die Kirche umgebaut, wobei der Kirchenraum in den Maßen unverändert blieb. Der Chor wurde wohl wegen Baufälligkeit abgetragen und durch einen Neubau ersetzt. Südlich am Chor stand ein quadratischer Turm, dessen Nordmauer zugleich den südlichen Chorabschluß bildete. Dieser Turm war Teil der Kirchenbefestigung und primär wohl zur Verstärkung der östlichen Angriffsseite angelegt. Man wird sich diesen als einen massiven, fast fensterlosen, nur mit Lichtschlitzen versehenen Wehrturm vorstellen müssen, der – der Zeit entsprechend – einen hohen, achtseitigen Helm getragen haben dürfte. Noch im Spätmittelalter wurde der Turm abgerissen und durch einen neuen im Westen ersetzt. Auch dieser wird nicht minder wehrhaft als der ältere und gleich ihm mit einem achteckigen spitzen Helm bedeckt gewesen sein, an dem Ecktürmchen bestanden haben. Bei Abtragung des älteren Turmes wurde die südliche Chormauer beschädigt, denn die dort vorhandene Mauer ist jünger als die übrigen dieser Periode und gegenüber der älteren um 0,65 m nach

Süden versetzt; damit wurde allerdings die Symmetrie zum Schiff gestört.

Lischewski erläuterte diesen Bericht anhand einer Planskizze, die der Abbildung 1 zu Grunde liegt.

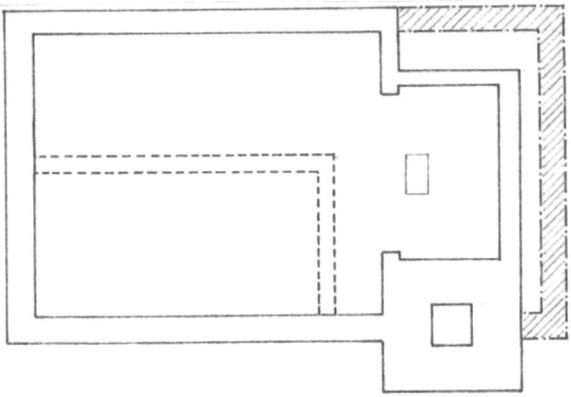

Abb.1   Bauphasen der Kirche in Ober-Ramstadt
(gestrichelt: spätkarolingisch-ottonisch,
schraffiert: Erweiterung 1717)

Lischewskis Bericht gibt keine Auskunft, wo der *neuere, im Spätmittelalter errichtete* Turm stand. Der Pfarrchronik zufolge soll er sechs Nebentürmchen besessen haben. Ebenso wenig Informationen gibt es über das *Uhrhaus*.

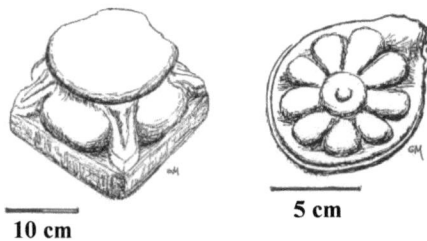

10 cm

5 cm

Abb. 2
Bei der Renovierung 1969 wurden im Schutt unter dem Fußboden zwei behauene Steine gefunden, eine Säulenbasis und eine Rosette.

Als bei der Außenrenovierung 1991 der Putz entfernt wurde, kam ein Mauerwerk aus regellosen Steinen zutage, in dem aber auch glatt zugerichtete Sandsteinquader enthalten sind. Anscheinend wurde das Material der alten Kirche weitgehend wiederverwendet.

Abb. 3
Der »helmbedeckte Kopf«
am Giebel (Foto 1991)

Abb. 4
Mauerwerk an der
Südwand

Die Reformation in Hessen

Prälat Wilhelm Diehl hat in seinen »Beiträgen zur hessischen Kirchengeschichte« das Zeitalter der Reformation ausführlich beschrieben: »In dem Gebiet, das wir heute Hessen-Darmstadt nennen, geht jedem von einer 'Oberkeit' in ihrem Territorium unternommenen Reformationswerk eine evangelische Bewegung voraus, die freilich mitunter nur einzelne Teile dieses Territoriums erfasste. Es kann mithin mit Bestand behauptet werden, dass alle diese Reformationswerke von dem Willen eines, mitunter sehr starken, Volksteils getragen waren, mithin nicht ausschließlich und nicht in erster Linie 'Herrenwerk' gewesen sind. Freilich darf das, was diese 'Herren' vollbrachten, auf der anderen Seite auch nicht unterschätzt werden. Sie haben der Bewegung von unten nach oben eine großzügige *Arbeit von oben nach unten* folgen lassen, die sich sowohl als *Erfüllung* wie als *Ausbau* darstellt.«

Luthers 95 Thesen sind das Symbol der Reformation; deshalb begehen die Protestanten am 31. Oktober 2017 das 500-jährige Jubiläum; das Bild des hammerschwingenden Mönchs wurde allerdings aus gutem Grund beiseite gelegt. Luther hatte sie als Thesen für eine akademische Disputation verfasst. Anlass war eine vom zuständigen Erzbischof ausgegebene, vom Kirchenvolk missverstandene Dienstanweisung für die Ablassprediger in den Kirchenprovinzen Mainz und Magdeburg. Luther bat Albrecht, den Erzbischof beider Diözesen, diese Schrift durch eine andere zu ersetzen und schickte ihm am Vorabend von Allerheiligen beiliegend die 95 Thesen. Zum Disputieren kam niemand, keiner der angeschriebenen Theologen fand es wert zu antworten, Erzbischof Albrecht informierte den zuständigen Bischof von Brandenburg und die Kurie in Rom – ohne merkliche Wirkung. Dass Luthers Thesen in der Öffentlichkeit, vor allem unter Laien, Aufsehen erregten, lag daran, dass es auch um Geld und den Missbrauch der Volksfrömmigkeit ging. Der Nürnberger Ratsherr Kaspar Nützel war der erste, der sie ins Deutsche übersetzte; das weitere besorgten die Druckerpressen. Deshalb sollte Luther zum Widerruf gezwungen werden: im April **1518** in Heidelberg vom Konvent des eigenen Ordens, im Oktober in Augsburg durch den päpstlichen Legaten Cajetan und im Juli **1519** in

Leipzig durch Johann Eck, aber Luther war nicht umzustimmen. Das Verfahren gegen ihn geriet aber ins Stocken, weil nach dem Tod des Kaisers Maximilian im Januar 1519 die Wahl des Nachfolgers für die Kurie wichtiger war. Erst auf Betreiben Ecks wurde die Luthersache wieder aufgegriffen und im Sommer **1520** mit der Androhung des Bannes abgeschlossen. Im August 1520 wandte sich Luther »*An den christlichen Adel deutscher Nation*« mit dem Aufruf „ob Gott doch durch den Laienstand seiner Kirche helfen wollte, sintemal der geistliche Stand, dem es billiger gebührt, ganz unachtsam geworden ist." Auf einem Konzil sollten die Missstände erörtert und beseitigt werden. Die Wirkung in der Öffentlichkeit war beträchtlich: Innerhalb einer Woche waren 4000 Exemplare verkauft. Die Gleichberechtigung der Laien begründete Luther in einer weiteren Schrift – an den geistlichen Stand in Latein: »De captivitate Babylonica ecclesiae« (*Über die Babylonische Gefangenschaft der Kirche*). Er nahm die Sakramentenlehre der Papstkirche auf den Prüfstand des Evangeliums; von den sieben Sakramenten blieben nur zwei: Taufe und Abendmahl. Gravierend war seine Absage an die *Priesterweihe*, d.h. an die Sonderstellung der Kleriker. Anfang Dezember, drei Jahre nach den 95 Thesen, verbrannte er öffentlich die Bücher des Kirchenrechts und die päpstliche Bulle. Was das zu bedeuten hatte, erklärte er in der Schrift »*Wider die Bulle des Antichrists*«. Kurz danach trat diese in Kraft; die Vollstreckung oblag der weltlichen Obrigkeit, also dem Kaiser. Luthers Landesherr, Kurfürst Friedrich von Sachsen, erreichte, dass sein Professor vor Kaiser und Reichsständen gehört wurde – auf dem Reichstag in Worms im April **1521**. Luther verweigerte den Widerruf und verfiel der Reichsacht. Als er auf der Heimreise kursächsisches Gebiet erreichte, wurde er auf Befehl des Landesherrn in Schutzhaft genommen. Auf der Wartburg hatte er Zeit, das Neue Testament zu übersetzen. Er saß allein „im Reich der Vögel". Die Entwürfe schickte er zu Melanchthon nach Wittenberg zur wissenschaftlichen Begutachtung. Der Dritte im Team saß in Torgau: Georg Spalatin, der Hofsekretär des Kurfürsten, bekannt und geschätzt wegen seiner sprachlichen Ausdruckskraft. Im Oktober **1522** kam die erste Auflage auf den Markt, gedruckt bei Lukas Cranach. Luther war seit Februar wieder in Wittenberg. Die Bedrohung durch die Reichsacht hielt sich in

Grenzen, weil einige Fürsten und Reichsstädte sich weigerten, Luthers Lehre und Anhänger zu verfolgen. Kaiser und Kirche versuchten auf den Reichstagen vergeblich, den Vollzug der Reichsacht durchzusetzen. Als dann **1526** die Türken an der Grenze der habsburgischen Erblande standen und der Kaiser auf die Hilfe aus dem Reich angewiesen war, kam es auf dem Reichstag in Speyer zu dem denkwürdigen Beschluss, der den Fürsten und Reichsständen zugestand, „für sich *also* zu leben, zu regieren und zu halten, wie ein jeder solches gegen Gott und Kayserliche Majestät hoffet und vertraut zu verantworten." Damit war der Weg frei für»die Reformation« - getragen auf vielen Schultern.

Landgraf Philipp der Großmütige war seinerzeit einer der herausragenden Laientheologen. Im April **1524** war er auf einem Ritt nach Heidelberg unterwegs Melanchthon begegnet. Er nutzte die Gelegenheit für ein religiöses Gespräch und bat Melanchthon, mit in eine Herberge zu kommen, der aber wollte mit seinen Gefährten weiterreiten und versprach ihm einen schriftlichen Bericht. Im September erhielt der Landgraf Melanchthons »*Kurzen Begriff der erneuten christlichen Lehre*«. Die evangelische Gerechtigkeit erscheine der menschlichen Vernunft paradox und lächerlich, deshalb sei sie eine Sache der Wenigen; die breite Masse brauche hingegen das Gesetz. Die Aufgabe der Fürsten sei es, der Predigt des unverfälschten Evangeliums freie Bahn zu schaffen.

Nach dem Speyerer Beschluss wollte Philipp eine durchgreifende Reform auf breiter Basis; und so berief er im Oktober **1526** die Klosterkonvente, den Weltklerus, die Ritterschaft und die Städte des Landes zu einer Synode in die Stadtkirche des zentral gelegenen Homberg an der Efze: „Wir haben vor, mit allen unseren Untertanen geistlichen und weltlichen Standes in den christlichen Sachen und Zwiespalten durch Gnade des Allmächtigen zu handeln." Den ehemaligen Franziskaner Franz Lampert von Avignon beauftragte er, Grundsätze zur Kirchenreform zu verfassen, die von der Synode beraten werden sollten. Das umfangreiche Werk von 158 Sätzen, »Paradoxa« genannt, wurde vom Plenum beschlossen. Es war ein Reformprogramm aus *einem* Guss, Der Landgraf schickte es zur Begutachtung nach Wittenberg. Im Januar 1527 kam Luthers Antwort. Dieser riet davon ab, „zur Zeit diese Ordnung durch den Druck auszulassen"; *er* könne nicht so kühn sein, denn er wisse wohl, dass „wenn Gesetze zu früh vor dem Brauch und Übung gestellt werden, selten wohl gerieten". Philipp hatte Einsicht und entschloss sich, schrittweise vorzugehen. Adam Krafft wurde beauftragt, mit den Visitationen im Land zu beginnen. Für die Ausbildung der Theologen gründete Philipp im Sommer **1527** in Marburg eine Universität - die erste ohne päpstliches Privileg. Zur grundsätzlichen Regelung der finanziellen Seite berief er im Oktober einen Landtag nach Kassel, um mit seinen Untertanen über die Verwendung des Klostergutes zu beraten. Fürst und Stände beschlossen, dass Klosterleute, die im Kloster bleiben wollen, so zu versorgen seien, dass sie ihren Studien oder der Beschaulichkeit leben können. Den Austretenden sei eine Entschädigung zu zahlen, die Einkünfte der Klöster seien zur Unterstützung der Armen, zur Pflege der Kranken und für die Einrichtung von Schulen zu verwenden. Im übrigen erhielt die Ritterschaft zwei der Stifte zur Versorgung der unverheirateten Töchter. Außerdem wurden vier Landeshospitäler eingerichtet, die heute noch Philipps Namen tragen.

Zwei Jahre später erhoben sich neue Schwierigkeiten: Der Kaiser wollte dem Wormser Edikt neue Kraft geben; sein Bruder sollte auf dem Speyerer Reichstag **1529** den Reichsabschied von 1526 aufheben lassen. Sechs evangelische Fürsten wurden überstimmt. Da Ferdinand sich weigerte ihre Bedenken zu hören, verfassten sie, der Geschäftsordnung gemäß, eine Protestationsschrift, unterschrieben von sechs Fürsten und 14 Reichsstädten. Sie kam zwar nicht in die Reichstagsakten aber an die Öffentlichkeit. Ihre Unterzeichner waren von da an die »Protestanten«, zu ihnen gehörte auch Philipp von Hessen.

Noch in Speyer schlossen Philipp von Hessen, Johann von Sachsen und die Vertreter der Städte Straßburg, Nürnberg und Ulm die »sonderlich geheime Verständnis« zur gemeinsamen Verteidigung gegen den Schwäbischen Bund, das Kammergericht oder das Reichsregiment. Als dann der Kaiser am 12. Juli in Barcelona ein scharfes Mandat gegen die protestierenden Stände erließ, wurde offenkundig, dass es um bewaffneten Widerstand gegen die kaiserliche Majestät ging. Anfang Juni traf man sich in Rodach bei Coburg, um das Bündnis zu beraten. Die Wittenberger Theologen beharrten auf ihrer Ablehnung des aktiven

Widerstandes und erhoben Bedenken, Bundesgenossen aufzunehmen, die in der Abendmahlslehre mit den Schweizern übereinstimmten. Philipp reiste verärgert ab mit dem Vorsatz, eine Einigung der Theologen herbeizuführen. So kam es Anfang Oktober zu einem Religionsgespräch auf dem Marburger Schloss. Entgegen einer weit verbreiteten Meinung konnten sich Luther und Oekolampad doch zu einer gegenseitigen Anerkennung durchringen, die in zwei analogen Erklärungen niedergeschrieben wurden. Dieser *Marburger Unionsvorschlag* kam scheinbar nicht zum Tragen; Oekolampad starb zwei Jahre danach. Doch Ambrosius Blarer und Erhard Schnepf nahmen die Marburger Vereinbarung 1534 als Grundlage für die *Stuttgarter Konkordie*, der zwei Jahre später die *Wittenberger* folgte, aber zuvor gab es noch ein epochales Ereignis: den Reichstag zu Augsburg **1530**. Kaiser Karl kam diesmal persönlich. Sein offizielles Ausschreiben zum Reichstag klang hoffnungsvoll: „Wegen des Zwiespalts im heiligen Glauben und der christlichen Religion solle sorgfältig beraten und genau darauf geachtet werden, die Ansicht, Überzeugung und Meinung eines jeden in Liebe und Güte miteinander zu hören, zu verstehen und zu erwägen, und sie zu einer gemeinsamen christlichen Wahrheit zusammenzubringen und auszugleichen." In diesem Sinne hat dann auch Melanchthon eine Bekenntnisschrift verfasst und die weitgehende Übereinstimmung mit der Papstkirche in den Vordergrund gestellt. Trotzdem kam es zu keiner Einigung mit den altgläubigen Theologen, nur zu einer *reichsrechtlichen* Anerkennung der *Augsburgischen Konfession*. Von nun an gab es im Reich zwei christliche »Konfessionen«. Philipp gehörte zu den Unterzeichnern.

Weiterhin bestehen blieb das Mandat gegen die (Wieder)Täufer, das mit der Todesstrafe drohte. In Hessen konnten sie unbehelligt leben, weil der Landgraf ihnen Religionsfreiheit gewährte. Als sie aber zunehmend Konkurrenz für seine Pfarrgemeinden wurden, musste er eine Lösung finden. Diesmal holte er sich Hilfe aus Straßburg. Martin Bucer kam nach Marburg und konnte **1538** in öffentlicher Diskussion die Täufer dazu bewegen, in der Gemeinschaft der Landeskirche zu bleiben. Als Zugeständnis im Hinblick auf die Erwachsenentaufe wurde die *Konfirmation* eingeführt, in der die Taufe durch den mündig gewordenen Christen bestätigt wird. Außerdem sollten *Presbyter* berufen werden, die gemeinsam mit dem Pfarrer für die Kirchenzucht verantwortlich sind. Von einer Synode in der Festungskirche von *Ziegenhain* wurde **1539** eine Kirchen- und Zuchtordnung beschlossen, die Bucers Vorstellungen von einer mündigen Gemeinde entsprach und die Rückkehr der Täufer in die Landeskirche ermöglichte, aber nur sehr langsam Wirklichkeit wurde, weil die Pfarrer wenig Interesse an so viel Mündigkeit hatten.

Aber dann kam es doch ganz anders. Philipps größtes Werk war der *Schmalkaldische Bund* **1531**, aber der Kaiser gab nicht auf, die kirchliche Einheit in seinem Reich wieder herzustellen. Nach diplomatischer Vorarbeit verhängte er über Philipp von Hessen und Johann Friedrich von Sachsen die Reichsacht. Den Fehdebrief der Schmalkaldener wies er zurück, aber der Krieg begann. Nach anfänglichen Erfolgen unterlagen die Protestanten infolge ihrer Uneinigkeit. Auf Grund diffuser Zusagen war Philipp bereit, sich dem Kaiser zu unterwerfen und wurde gefangen gesetzt. Am 15. Mai **1548** erlangte das vom Kaiser erlassene *Augsburger Interim* Rechtskraft, das bis zum Ende des Konzils in Trient gelten sollte und eine fast vollständige Wiederherstellung der Kultordnung der katholischen Kirche enthielt; als Konzession an die Protestanten wurden nur der Laienkelch erlaubt und die Ehe schon verheirateter Geistlicher anerkannt. Aus seiner qualvollen Haft heraus befahl Philipp seinen Untertanen, dem Interim Folge zu leisten, aber seine Regierung verweigerte ihm den Gehorsam, nachdem sie sich mit den Pfarrern, der Ritterschaft und den Vertretern der Städte beraten hatte. Einige Pfarrer baten um ihre Entlassung, aber der Landgraf ordnete an, dass alle Pfarrer, die des Interims wegen ihr Amt verlören, bis zu seiner Rückkehr auf seine Kosten zu unterhalten seien. Er kam erst frei, als sein Sohn Wilhelm und Schwiegersohn Moritz von Sachsen die Zwietracht zwischen dem Kaiser und seinem Bruder Ferdinand für eine weitere Fürstenerhebung nutzten, die mit der Resignation Karls und dem *Augsburger Religionsfrieden* **1555** endete – dem berühmten „cuius regio eius religio".

Das evangelische Ober-Ramstadt

Über die Anfänge einer evangelischen Bewegung in der näheren Umgebung von Ober-Ramstadt ist, wenn man Wilhelm Diehl folgt, nur wenig bekannt. So war „im Jahre 1520 Johann Petermann, Altarist an der zur Pfarrei Groß-Bieberau gehörigen Kapelle St. Jost bei Lichtenberg, erster evangelischer Prediger daselbst. 1527 wurde er Pfarrer zu Roßdorf. Er hat in unserer Gegend wohl als erster das Evangelium gepredigt. Vielleicht stand der Nieder-Modauer Pfarrer Ewald Poth mit ihm in Verbindung, der von 1517 an als Priester dort wirkte und einer jener Geistlichen war, die bei Einführung der Reformation wegen ihrer lutherischen Gesinnung auf ihrer Stelle belassen wurden."

Aufzeichnungen über die *evangelische Gemeinde* in Ober-Ramstadt finden sich erstmals in der Chronik, die ab 1607 geführt wird: »Der erste evangelische Pfarrer (berichtete damals rückblickend Pfarrer Rosa), von welchem Nachricht zu finden ist, ist gewesen **Georg Keitz**, welcher circa annum 1540 allhier gelebet und die Pfarr- und Caplaney-Gefälle und Güter samt den Kastensachen registriert anno 1541. Diesem ist gefolgt circa annum Dom.1554 **Christoph Orth**, ein wohlgeweiseter Mann und fleißiger Hausmann. Sein Sprichwort hieß: Es würde Ober-Ramstadt niemals an nichts als an weisen Leuten und Eichen Holz mangeln.«

Christoph Orth musste es wissen: Das Eichenholz betreffend, sprach er wahrscheinlich aus seiner Erfahrung als privater Bauherr. Schließlich erwarb er einige Hofreiten und Äcker, um seine Kinder mit einer soliden Grundlage zu versorgen. Dem Mangel an weisen Leuten begegnete Orth auf seine Weise: Er gründete bereits im ersten Amtsjahr eine Privatschule und brachte ohne extra Vergütung den Kindern seiner Gemeinde Lesen, Schreiben und den Katechismus bei. Er versah diese Unterrichtstätigkeit zur Zufriedenheit der Gemeinde bis in die siebziger Jahre des Jahrhunderts hinein. Als er aus Altersgründen seine nebenamtliche Schultätigkeit aufzugeben beabsichtigte, war die Gemeinde gezwungen, Ersatz zu beschaffen. Sie wandte sich in einem Gesuch an den Superintendenten, in dem sie berichtete, dass ihr Pfarrer „Herr Christophel die zeit bey ihnen gewesen, ihren Kindern Schul gehalten, dass sie ihr Gebet, Schreiben und Lesen gelernet". Jetzt aber habe ihr Pfarrer ihnen „die Schul aufgesagt, da er derselben Arbeit und Mühe verdrossen ist, sodass sie, sollen ihre Kinder nicht vergessen, was sie angefangen, gezwungen sind, sich für einen Schulmeister zu sorgen."

So kam es, dass der auf Voltzius folgende Superintendent Johannes Angelus, nachdem er 1578/79 eine Visitation seines ganzen Bezirks vorgenommen hatte, neben der Errichtung einer Schule zu Rüsselsheim auch eine solche für Ober-Ramstadt beabsichtigte. In seinem Bericht an den Landgrafen Georg I. heißt es: „Rüsselsheim und Ober-Ramstadt begehren daß ein Schul bei ihnen möge angerichtet werden. Die Gemeine zu Ober-Ramstadt will jährlich 10 Gulden dazu steuern. Der Pfarrer und Glöckner 5 mtr. Korn." Nach einigem Hin und Her kam es **1581** tatsächlich zur Einrichtung einer offiziellen *Schule*.

Im Jahre **1586** kauften die „Pfarrkind allhie sämtlich und vor sich und ihre Nachfolgende" von Nicolaus Haußen eine Hofreite als Behausung für den Kaplan, der gleichzeitig der Schullehrer war. Dieser *Kaplaneihof* lag am unteren Ende der Kirchstraße (heute Prälat-Diehl-Straße) und war bis 1779 das einzige Schulgebäude in Ober-Ramstadt. Als Christoph Orth im Jahre 1606 nach 52 Amtsjahren in Ober-Ramstadt starb, folgte ihm der aus Laubach stammende **Bernhard Rosa**, der Anno **1607** das *erste Kirchenbuch* anlegte, »darinnen verzeichnet sind die Namen der Kinder, so da sind getauft und confirmiert, so auch die Eheleute, so ehelich eingesegnet worden«. Mit diesem Kasualverzeichnis erhielt die spätmittelalterliche Pfarrgemeinde individuelle Gestalt der mit Namen genannten Glieder. In diesem Buch sind aber nicht nur die Amtshandlungen registriert sondern auch Notizen, die von Überschwemmungen und Kometen, vor allem aber über Not und Elend des an Kriegen und Seuchen reichen Jahrhunderts berichten. Als Rosa 1625 starb, war der erste Teil des langen Krieges schon vorüber, aber die schweren Zeiten mit Verwüstung und Pest kamen erst noch.

Gottfried Heun, der auf Rosa folgte, wurde bereits **1627** nach Groß-Umstadt versetzt, sein Nachfolger, **Melchior Dippel**, blieb gar nur ein Jahr in Ober-Ramstadt.

Von **Johann Christoph Osterrod**, der immerhin sieben Jahre (von **1628** bis 1635) das Pfarramt innehatte, wird berichtet, er sei »ein sehr gelehrter Mann gewesen, habe (schon in Groß-Umstadt) mit dem calvinischen Pfarrer zu Otzberg theologische Streitreden angefangen und dieselben allhier durch Briefe fortgesetzt. Er habe gute erbauliche Reden gehalten, die Kinder trefflich zum Katechismus angehalten und die Bauern, so vor der Zeit sehr faul gewesen, durch Wort und Beispiel aufgemuntert, so dass viele Äcker und Hecken umgerodet wurden.« Aber wer hatte schon Lust, das Feld zu bestellen, wenn es jeden Tag durch Kriegsvolk verwüstet werden konnte. Dies geschah sehr bald. Nach der Niederlage der Schweden in der Schlacht bei Nördlingen zog im Herbst **1634** einer der Generäle, Bernhard von Weimar, mit seinem Kriegsvolk in das Rhein-Main-Gebiet, verfolgt von den Kaiserlichen. So lagerten die Schweden in Traisa und die Kaiserlichen in Nieder-Ramstadt. Im Januar 1635 kamen noch die Franzosen und besetzten Darmstadt.

Dadurch wurde das »Land äußerst ruiniert, so daß die Leute entweder außer Lande ziehen oder Hungers sterben mußten, was auch vielen Hunderten geschehen.« Osterrod floh über Darmstadt in seinen Heimatort Wolfskehlen, wo er kurz danach starb. Sein Nachfolger, **Nicolaus Volhard**, »eine kleine, unansehnliche aber gelehrte Person, hat über ein Jahr nicht hier gelebt und ist alsbald in Kummer, Hunger und Elend gestorben.« Die Pfarrstelle blieb unbesetzt, bis **1637 Johannes Fabritius** nach Ober-Ramstadt kam, aber fünf Jahre später ebenfalls vom Hunger vertrieben wurde.

Gegen Ende des Krieges verlor die verwaiste Gemeinde eine ihrer Glocken: Im April **1647**[1] ließ der Zentgraf Johann Buchen »allerhand Glocken« (19 an der Zahl, darunter eine von Ober-Ramstadt) »aus etlichen Ämtern und Dorfschaften abnehmen, nach Frankfurt führen, daselbst verkaufen und das Geld den hungrigen französischen Officieren, welche das Land gebrandtschätzt, in den Rachen werfen.«

---

[1] Das von Kalenberg genannte Jahr 1643 konnte berichtigt werden, als Klaus Mangold 2014 im Hessischen Staatsarchiv zufällig eine Liste entdeckte, in der die geschädigten Gemeinden genannt sind.

Die Pfarrstelle blieb acht Jahre verwaist. Erst **1650** kam ein neuer Pfarrer: **Konrad Kalenberg**. »Das Dorf Oberrambstadt ist (schrieb er in die Chronik) hiebevor bei gutem Friedensstand in 85 Herdtstätt gerechnet, in anno 1633 aber samt den Beisitzern auf der Cent in 100 Mann geachtet worden. Sind aber durch die in anno 1635 grassierende schrecklich Pestilenz, wie auch durch Hunger so gar hingeraffet worden, dass ich Conradius Kalenberg Adorffio Waldecco anno 1650 daselbst zum Pfarrer investieret worden, überall an alt und jungen mehr nicht als 63 Seelen gefunden habe.«

Zwanzig Jahre später schlug die Geißel des Krieges noch einmal zu: »Als auch Anno **1673** die kaiserlichen, brandenburgischen und lothringischen Völker diesen Ort zwischen Main und Rhein, um denen in Holland kriegenden Franzosen Diversion zu machen, sechs Wochen kontinuierlich gelegen und das platte Land äußerst verderbet, auch die Kirche allhie sehr verwüst, die zinnernen Knöpfe (Nummero 14) wie auch das Blei von dem Turm herab gerissen nächst jämmerlicher Zerschlagung des Schieferdaches, die Weiberbänke auf dem Kirchhof verbrannt. Insonderheit die Glocke auf dem Uhrhause, welche um drei Centner gewogen, mit sich weggeführt, dass wir nun ohne Uhrschlag leben müssen.«

Später notierte Kalenberg: »Demnach nun solcher Gestalt das Geläut allhie geschwächet und besorget worden, daß die noch vorhandene große Glocke durch alleinigen kontinuierlichen Gebrauch mit der Zeit schadhaft werden möchte, hat man mit vorgehendem Rat und Bewilligung der ganzen Pfarrgemeinde die vakante Stelle in dem Kirchturm mit Erkaufung einer neuen Glocken zu bestallen, resolviert und beschlossen. Da denn dieselbe so förters zu Frankfurt bei Herrn Benedict Schneidewindt, Erzgießern bestellt und nach vollbrachtem glücklichen Guß anhero geführt den 12t. Mai, Die Pancratii (**1687**), glücklich gehänget worden.«

Nach Kalenbergs Tod übernahm **1696** dessen Sohn **Samuel Ulrich Kalenberg** das Pfarramt. Das baufällige, vielleicht schon längere Zeit unbewohnte *Pfarrhaus* wurde abgerissen. Statt dessen ist »Anno **1705** das hiesige Pfarrhaus auf der alten Pfarr-Hofrait gebaut worden, doch so, daß das Haus auf den Ort, allwo vorhin die Pfarrscheuer gestanden zu stehn kommen und die neue Scheuer auf den vorigen Hausplatz.«

Als **1708** Samuel Kahlenberg und sein Adjunkt Johann Kaspar Müntz wegen ärgerniserregenden Lebenswandels abgesetzt wurden, erhielt **Johann Georg Moter** die Pfarrstelle. Nur langsam normalisierte sich das Leben: »Anno **1710** am 7. Sonntag nach Trinitatis wurde wieder zum ersten Mal nach alter Gewohnheit zu Nacht geläutet, welches bei eines Mannes Alter unterblieben war,« weil man befürchtet hatte, durch das Glockenläuten umherziehende Soldaten und Räuber anzulocken.

»Anno **1714** wurde den Gemeinden zum ersten Mal wieder erlaubt, nach Erlegung (von) 4 fl, unter freiem Himmel zu tanzen und die alte heidnische Kirmes wieder zu halten, welches denn Anfang September in großer Furie vier Tage auch beobachtet und sich damit den göttlichen Zorn gehäufet. Die Zeit wirds lehren, was für zeitliche Strafe herbei wird getanzt werden.«

Die neue Kirche

Die *Kirche* selbst war, wie viele in der Gegend, in einem erbärmlichen Zustand. Nach den schweren Schäden von 1673 waren im Mai des folgenden Jahres die Nebentürmchen ganz abgerissen worden, ebenso das Uhrhaus; die Uhr fand auf der Empore einen Platz. Um **1709** versuchte man das »Ingebäude« zu sanieren. Pfarrer Moter setzte sich aber für einen Neubau ein. Der landgräfliche Bau-Major *Remy de la Fosse* wurde mit der Planung betraut. Am 20. Juli **1716** wurde in seiner Gegenwart der Grundstein gelegt.

Bei der Grundsteinlegung erlebte, wie Wilhelm Diehl berichtet, »die Gemeinde das Abenteuer, dass ihr die für den Grundstein bestimmte Inschrift trotz ihrer flehentlichen Bitten erst elf Monate nach vollzogener Grundsteinlegung mitgeteilt ward. Da die Inschrift nicht mehr an dem Grundstein angebracht werden konnte, wurde sie über die Kirchentüre gesetzt.« Diese Platte aus rotem Sandstein musste bei der Renovierung 1991 wegen ernsthafter Verwitterungsschäden abgenommen werden.

Wenige Wochen nach der Grundsteinlegung, im September starb Pfarrer Moter und fand am Altar die letzte Ruhestätte. Als Epitaph wurde ein Gedenkstein der noch stehenden alten Kirche verwendet, der mit neuer Inschrift später an der Nordwand der neuen angebracht wurde.

Östlich von der alten Kirche wurde noch im Herbst die Mauer stockwerkshoch errichtet. Anfang des Jahres **1717** wurde der neue Pfarrer, **Johann Balthasar Reichardt**, eingeführt. Noch vor Ostern riß man die alte Kirche ein und »führte ohne Versäumung das Werk in einem Vierteljahr auf. Man unterließ auch nicht, das Bauwesen Gott im öffentlichen Gottesdienst durchs Gebet vorzutragen, worauf denn durch göttlichen Beistand das Bauwerk so weit gekommen, dass man den 12. Juli anfing den Bau aufzuschlagen.«

»In dieser Wochen (schrieb Reichardt weiter) hielt man alle Morgen Betstunde, dabei die Leute häufig erschienen. Den 17.d.M. - war Sonnabend mittag um 10 Uhr - damit fertig wurde, ohne daß dabei ein Unglück vorgegangen. Danenhero ich etliche Tage vorher denen ledigen Weibsleuten ankündigte, ins Pfarrhaus zu kommen und einen Strauß zu machen. Als nun dieses geschehen und die Zeit zum Straußaufstecken herbei kam, gingen die zwei Baumeister mit ihren Mänteln, der eine den Strauß, der andere das Fähnlein mit dem neuen Hut in der Hand haltend. Ihnen folgten die ledigen Weibspersonen, darauf der Schulmeister mit den Schülern, Herr Rentmeister Laukhard, ich, der Pfarrer und Herr Oberförster von Modau, die Zimmerleute mit Sträußen und ihren Winkelmaßen, das Ehrsame Gericht, die Männer und die Weiber, darunter sehr viele Fremde waren.

Sobald die Kirch durch Gottes Gnad aufgeschlagen war, machte man auch gleich Anstalt, dass selbe gedeckt wurde, solches nun desto ehe ins Werk zu richten, erhielte man durch ein unterthänige supplication von Ihro Durchlaucht die Schieferstein in Darmstadt zu holen, und solche nach der Zeit wieder zu ersetzen. Meister Schüler, der Leyendecker von Reinheim arbeitete mit 2 Söhn und 3 Gesellen ohne Unterlass so fleißig daran, biß sie fertig wurde. Zuletzt wurde der Knopf, so unser gnädigster Fürst und Herr dazu verehrte, samt dem neuen übergoldeten Hahn zu jedermanns Freud nach Handwerksgebrauch aufgesteckt und damit das ganze Dach an Turm und Kirch zu End gebracht. Nachdem wir nun solcher Gestalt im Trockenen unsern Gottesdienst wieder verrichten konnten, brach man im unteren Rathaus - als darin wir 25 Wochen lang Gottesdienst gehalten - die alten Kirchstühl ab und schlug sie eine Zeitlang zum Behelf in die neue Kirch, da denn auch auf den Turm die Glocken gehängt wurden.

Mithin hielten wir Anno **1717 Dom. XIII p. Trinit.** zum ersten Mal den lieben Gottesdienst samt dem heiligen Abendmahl in der neuen Kirch, darüber sich männiglich von Herzen freuete.«

Die Kanzel kam erst später; am ersten Adventssonntag wurde von ihr die erste Predigt gehalten. Die *eigentliche Einweihungsfeier* fand noch viel später statt, weil die Galerien an den Emporen auf sich warten ließen: »Im Jahre **1718** um die Ernte Zeit kurz vor Bartholomäitag wurde sehr darauf getrieben, dass vorbemelter Schrauth, Schreiner von Lichtenberg, die beiden Burkirchen (Emporen) bekleidete mit einer Galerie, da ich (der Pfarrer) denn auch zugleich einen Taufstein und Crucifix machen und hinter den Altar dieses, jenen aber vor den Altar und Absatz des Chors setzen ließ. Als nun alles fertig war, hat man den hochwürdigen Herrn Superintendenten Gebharden freundlich ersucht, die in einem Jahr neu erbaute Kirche zum Andenken vieler hundert Menschen einzuweihen und Gott, dem Herrn zu widmen, welches zu tun er sich auch gütig erboten. Es ward also der **11t. 7bris Dom XIII. p.Trinit.** zur Einweihung unserer Kirch bestimmt, und da man hiezu alle Anstalten gemacht, hielte man um 9 Uhr von der sogenannten Hammerbrücken eine öffentliche Procession.«

Zu Zeiten der barocken Ständegesellschaft war die Sitzordnung in der Kirche sehr wichtig, so dass sie von der Obrigkeit festgelegt wurde.

Als im Oktober **1720** Superintendent Gebhard und Rentmeister Laukhardt zur Prüfung der Kirchenrechnung kamen, gaben sie dem Pfarrer auch Anweisung, »in der Kirchen in Gegenwart des Schultheiß und Gerichts, die Weiber in Ordnung zu stellen und zwar so, dass die Gerichtsweiber wie ihre Männer nach dem Rang in die kleinen Überzwergestühle gestellt werden sollten. Der erste Stuhl vor dem Pfarrweiberstuhl gehört für die Schulmeister, Schultheißen und Jägern, die übrigen aber für die Gerichtsweiber, wie sie geheiratet.« Die *Überzwergestühle* dürften wohl die längs stehenden Bänke im Altarbereich gewesen sein, die noch bis 1845 dem 'obrigkeitlichen' Bereich angehörten.

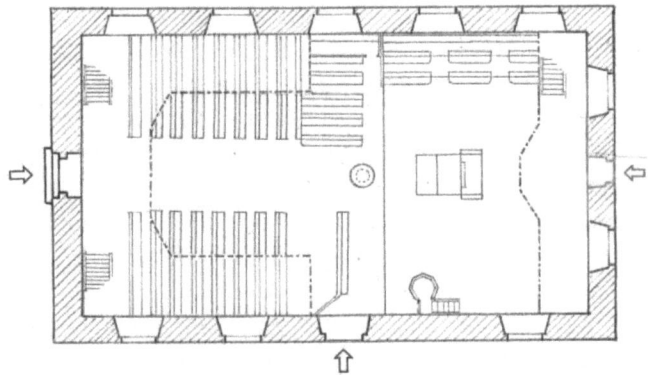

Abb.5　Grundriss der Kirche um 1720[2]
(gestrichelt: Emporen)

Die neue Kirche hatte aber immer noch keine Orgel. »Anno **1724** ward hiesige Gemeinde einig, in die Neue Kirch ein neu Orgelwerk zu stellen, und nachdem sich Johann Peter Schleich, ein Orgelmacher von Lohr aus dem Mainzischen angegeben, wurde die Gemeind mit ihm einig und accordiert mit ihm auf 380 fl. eine Orgel zu verfertigen von 10 Registern, und zwar alles auf seine Kosten, was in specie das Bildhauer- und das Schreinerwerk belangt. Den 17. Februar **1724** ist der Accord gemacht und unterschrieben und zu Ende des Monats Februar **1725** ist sie fertig worden, da man Dom. Reminiscere selbe geliefert genommen, eine Orgel-Predigt gehalten und durchs Gebet solche Gott zu seinen Ehren, Lob und Preis geweihet. Die Orgelprob hat verrichtet Herr Schattemann, ein excellenter Clavist, der das Werk tüchtig und gut befunden. Bei und nach dem Actu, ward ein Collect zu der neuen Orgel gehoben. Gott erhalte und bewahre Kirch und Orgel, Turm und Glocke vor allem Schaden. O.R. den 13.tn. Marty Reichardt, Pfarrer.«

Reichardts Nachfolger, **Johann Conrad Lichtenberg**, kam von Neunkirchen nach Ober-Ramstadt. Er muss ein Universalgenie gewesen sein - ein Leonardo des Odenwaldes: Er predigte seinen Bauern „über die

---

[2] rekonstruiert anhand einer »Bestandsaufnahme« vor dem Umbau 1842

Sterne", baute Dorfkirchen und schrieb Kantatentexte. Er war begeisterter Anhänger der damals modernen Naturlehre, die er während seines Studiums in Gießen, Leipzig und Halle kennen gelernt hatte. Wenn er in seinen Predigten der Gemeinde die Astronomie nahebrachte, dann wohl, um die Menschen von Kometenangst und anderem Aberglauben zu befreien. In späteren Jahren erwarb er sogar eine große Elektrisiermaschine, um die Natur der Blitze zu erkunden.

Kaum drei Jahre in der Gemeinde, half er ein neues Rathaus zu bauen. Kurz danach sanierte er die Kirche in Neunkirchen, in die es vier Monate im Jahr hineinschneite. Seine große Zeit als Kirchenbaumeister hatte er aber erst in Darmstadt. In einem Jahrzehnt baute er acht Kirchen. Dass sich so viele Gemeinden an ihn wandten, lag mit daran, dass er sie vom ersten Planungsgespräch bis zur Festlegung der Sitzordnung begleitete. Er taxierte das Baumaterial und besuchte regelmäßig die Baustelle. Er bevorzugte die achsiale Disposition von Taufstein, Altar, Kanzel und Orgel, erhob sie aber nicht zum Dogma. Wenn es darauf ankam, hatte die Gottesdienstpraxis den Vorrang; der Raum sollte optimal der Gemeinde dienen. Mit ganz umlaufenden Emporen konnte er sich allerdings nicht anfreunden. Nach den Prinzipien der barocken Ständegesellschaft saß im Altarbereich niemand außer den Vertretern der Obrigkeit.

Im Jahr **1742** kam sein jüngster Sohn zur Welt, der ihn und das Dorf berühmt machte. Das Kindchen wurde wegen Schwachheit sogleich getauft. Die Taufpaten hießen *Georg* Wachter und *Christoph* Graupner.

> Johann Conrad Lichtenberg und der Hofkapellmeister Christoph Graupner (senior) hatten zwei Schwestern geheiratet. Christoph junior war des Pfarrers Neffe; die Nichte, die älteste Tochter Graupners Marie Elisabeth, war seit 1737 die Ehefrau des Johann Friedrich Georg Wachter.

Für seinen Schwager verfasste Lichtenberg ab 1719 Texte für die allsonntäglichen Kantaten in der Schlosskirche. Die Texte, vor allem die der Arien, gewähren nebenbei einen Einblick in seine Theologie und Frömmigkeit. So dichtete er um 1736 zum Fischzug des Petrus:

»Segne, Jesu, deine Lehre,
segne deiner Knechte Zug.
Will der Feind sein Handwerk preisen,
ach, so lass sein Netz zerreißen
und entdecke den Betrug.
Großes Haupt, der Menschen Fischer,
schließ mich in dein Netze ein,
werd ich dein Gefangner sein,
ach so wird in deinen Stricken
mich viel tausend Trost erquicken.
Jesu ja, mein Herz ist dein.«

Im Jahr **1745** wurde Lichtenberg als Prediger an die Stadtkirche nach Darmstadt berufen; sein Nachfolger in Ober-Ramstadt war **Friedrich Wilhelm Hennemann**. Im Jahre **1756** schrieb dieser ins Kirchenbuch, dass er nach 3½-jähriger Ehe seine zweite, „herzinnigst geliebteste, rechtschaffene und fromme Eheliebste" neben seiner ersten seligen Ehefrau im Chor der Kirche gerade vor den Gerichtsstühlen zur letzten Ruhe bringen ließ. Er wurde innerhalb von vier Jahren aller seiner nächsten Anverwandten und besten Freunde durch den Tod beraubt. Außer den beiden Ehefrauen nennt er noch acht weitere Verstorbene.
»Und so hat mich der in seinen Wegen unbegreifliche Gott, der mich von Jugend auf sehr wunderbar, und unter gar vielem Kreuz und Trübsal geführet, mithin recht öfters und herzlich betrübt und unter vielem anderen Amts- und Haus-Kreuz mir aus Ober-Ramstadt eine rechte Ober-Angststadt gemacht. Dies alles habe ich meinen Herrn Nachfolgern im Amte zum Ende hierher gesetzt, damit sie auch aus dem Exempel ihrer kreuztragenden Vorfahren in Leiden sich stärken und wissen können, wie ihre Brüder der Leiden in Christo auch viel erfahren mußten.«

Hennemanns Nachfolger war **Johann Daniel Moter**; sein Vater hatte 1716 den Bau der Ober-Ramstädter Kirche begonnen. Er selbst war Nachfolger Lichtenbergs in Neunkirchen bis er **1764** nach Ober-Ramstadt berufen wurde. Seine Dienstzeit hier war noch kürzer als die seines Vaters; bereits **1769** verstarb er und wurde wie sein Vater in der Kirche beigesetzt. Der ihm gewidmete Epitaph befindet sich an der

Südwand der Kirche: »Hier ruhen die Gebeine des weiland wohlehrwürdigen Herrn Pfarrherrn Johann Daniel Moters. Welcher, nachdem er drei Jahre im Schloss zu Darmstadt als fürstlicher Pagen-Informator gedienet, ist er nach Neunkirchen 1729 als Pfarrer berufen worden. Woselbst er 35½ Jahr gestanden. Nachher ist er 1764 hierher nach Ober-Ramstadt berufen worden, woselbst er 5 Jahre gedienet und daselbst 1769 selig gestorben und in diese Kirche begraben worden. Er hat gelebt 72 Jahre und als Pfarrer gelehret 35 Jahre. Nun erwartet ihn eine fröhliche Auferstehung. Dessen Leichentext war Philipper 3 V.9.«

Während Daniel Moters Amtszeit wurde eine erste Veränderung an der *Kirche* vorgenommen: Die bis dahin offene Laterne des Turmes wurde im März **1767** geschlossen. Über Veränderungen im Innern der Kirche berichtete Moters Nachfolger, **Johann Friedrich Scriba.** »Anno **1771** wurde die Kanzel an der Seite der *mittleren Kirchentüre* abgebrochen und an die Orgel gesetzt; der neue Pfarrstuhl und die hintere Türe verfertiget.« Jetzt erst entstand die Einheit von Altar, Kanzel und Orgel, die für damals moderne Kirchen üblich war. Die Tür in der Süd-wand blieb weiter bestehen.

Aus Scribas Amtszeit sind Dokumente erhalten, wonach er den Kirchenvorsteher Rodenhäuser beauftragte, in den Wirtshäusern nach dem Rechten zu sehen. Sittenkontrolle gehörte seit Jahrhunderten zu den Aufgaben der Kirche – ausgeübt im Beichtstuhl, verbunden mit Kirchenstrafen: Geld, Pilgerfahrten oder Ausschluss von den Sakra-menten bis hin zur Eheschließung. *Reformatorisch* war nur, dass Rodenhäuser dafür zuständig war. Martin Bucer brachte die Vision einer mündigen Gemeinde in die hessische Kirchenordnung und schuf dafür den Kirchenvorstand.

Eine ausschließlich negative Bewertung dieses Kirchenregiments entspräche dem Geist der 1960er Jahre, obgleich auch heute noch »die Kirchen« gefordert werden, in ethischen Fragen Stellung zu nehmen, weil man sie wegen ihrer Verantwortung gegenüber ihrem Herrn für glaubwürdig hält.

Pfarrer Scriba verstarb **1796** nach 27 Jahren Dienst in dieser Gemeinde, der er „auf die rühmlichste Weise vorgestanden." Als Nachfolger berief der Landgraf wieder den Pfarrer von Neunkirchen: **Christian Friedrich Klein.** Im Jahr **1802** musste die 1687 gegossene Glocke durch eine neue ersetzt werden. Pfarrer Klein ging 1805 nach König-städten, „eine für seine körperlichen Umstände besser passende Stelle". Sein Nachfolger war **Johann Franz Knös**. Er starb 1828,»betrauert von allen, die den oft verkannten Biedermann genauer kannten. Die rückgelassene Hülle seines unermüdet wirkenden Geistes wurde in dem auf dem Friedhofe (an der Kirche südlich vom Eingang) errichteten Gewölbe beigesetzt.« Ihm folgte **1829 Ernst Wilhelm May**. Als dieser **1839** Ober-Ramstadt verließ, wurde **Friedrich Wilhelm Schaum** sein Nachfolger.

»Am 1. Juli 1842 belebte das stille Thal, welches vor hundert Jahren seine [Georg Christoph Lichtenbergs] Wiege war, ein Fest, welches durch den Beschluss gekrönt wurde, das Andenken des Gefeierten durch ein Denkmal zu ehren und zu bewahren […] und die Aufrichtung dieses Denkmals zum Mittelpunkt eines Festes zu machen, welches am gleichen Tage des Jahres **1843** begangen werden sollte. Dieses Fest«, berichtete die Leipziger *Illustrirte Zeitung* in ihrer Ausgabe vom 12. August 1843 weiter,»wurde am bestimmten Tage gefeiert. Zu den besonders Geladenen gehörten auch die Mitglieder der Lichtenbergischen Familie. […] Zwischen 11 und 12 Uhr setzte sich der Zug unter Musik von dem Gasthaus aus, wo am Nachmittag das Festmahl stattfand, nach der Stätte des zu errichtenden Denkmals in Bewegung, die festlich geschmückte Denktafel voran. An dem Pfarrhause angelangt, reihte sich der Zug um die festlich geschmückte Bühne. Dann trat der Geheime Staatsrat Jaup vor und hielt eine zu den Gemüthen redende und sie ergreifende Rede, an deren Schluss er das errichtete Werk der Gemeinde und in deren Namen dem Geistlichen übergab, welcher in sichtbarer Rührung Worte des Dankes und der Zusage treuester Bewahrung des theuern neuen Eigenthums sprach«.

Im Jahr **1842** beantragte der Kirchenvorstand beim großherzoglichen Kreisrat eine *Renovierung der Kirche* mit der Begründung:»Je mehr es ganz besonders in der Kirchengemeinde Ober-Ramstadt not tut, die seit einem Menschenalter unter der Einwirkung allgemeiner und beson-derer ungünstiger Zeitumstände und sozialer Verhältnisse tiefer als anderwärts gesunkene Kirchlichkeit durch alle zweckdienlichen Mittel zu wecken und zu beleben.«

Bei der gründlichen Renovierung, die von **1847** bis 1852 dauerte, wurde mehr verändert, als der Kirchenvorstand zunächst vorhatte: Weil man die seitliche Kirchentüre nicht mehr brauchte, wurde die ganze Südwand neu gestaltet, die bis dahin nur drei Fenster hatte. Auch konnten nun die Emporen, die ursprünglich nur bis zur ersten Stütze reichten, bis zur Orgelempore verlängert werden. Dazu baute man an der Ostseite Stiegen ein. Unter den Fenstern der Ostwand wurden Eingangstüren geschaffen; gleichzeitig wurde die Sakristeitür in ein Fenster umgewandelt. Die den Raum prägende, ganz umlaufende Empore wurde also erst 135 Jahre nach dem Kirchenbau geschaffen.

Abb.6 Südansicht der Kirche vor und nach dem Umbau

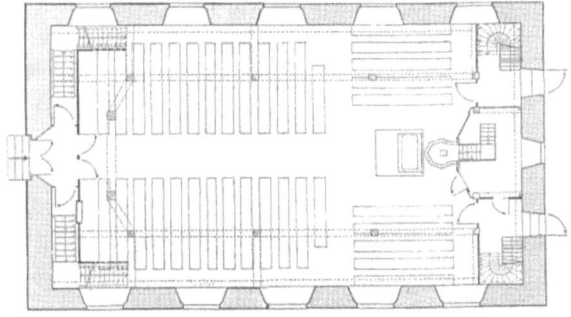

Abb.7 Grundriss nach 1852

Pfarrer Schaum, der bereits 1848 verstarb, erlebte den Abschluss des Umbaus nicht. Während der anschließenden vierjährigen Vakanzzeit wurde auch das *Pfarrhaus* gänzlich umgebaut. Ein Vergleich mit älteren Bildern lässt darauf schließen, dass das Haus zum Pfarrhof hin vergrößert wurde, wobei die alten Mauern des Geburtshauses von Georg Christoph Lichtenberg, weitgehend erhalten blieben. Die im Jahr 1842 am *alten* Pfarrhaus angebrachte und übernommene Gedenktafel ist also nicht ganz fehl am Platz.

Abb.8 Pfarrhof um 1840

Im Jahr **1852** wurde nach Fertigstellung der Kirche und des Pfarrhauses die Pfarrstelle wieder besetzt: mit dem auf dem Bessunger Forsthaus geborenen **Heinrich Ernst Heyer,** einem Enkel von Pfarrer Johann Franz Knös.

Auch noch unter Heyers Nachfolger **Ludwig Valentin Hein**, der **1866** das Pfarramt übernahm, blieb die vom Kirchenvorstand erhoffte „Belebung der Kirchlichkeit" anscheinend immer noch aus, wie Hein feststellte: »Die Gemeinde ist von jeher als unkirchlich gekennzeichnet. Ich will nicht behaupten, dass Böswilligkeit oder Irreligiosität der Grund hiervon ist; den Hauptgrund möchte ich vielmehr in der Berufsart der großen Mehrzahl der Einwohner finden. Fast alle Familien gehen hinaus auf den Handel, oft die ganze Woche hindurch. Und ist nicht gerade der Handel die Hauptquelle der Selbstsucht und des Eigennutzes? Darum findet man hier so wenig Verlangen nach Gottes Wort. Nur an hohen Festtagen füllt sich die Kirche. Der Geistliche muss sich, wie schwer es ihm auch fällt, an das Unabänderliche gewöhnen, dass er vielen nur als Geschäftsmann erscheint, der Trauscheine etc. schreibt, und ebenfalls alles übrige nur des Geldes wegen tut.« Die Kraxenkrämer hatten einen weiteren Horizont, aber das Niveau ihrer Kneipenphilosophie unterschied sich kaum von dem, was die Bauern hinter Pferdeschweif und Ochsenschwanz sinnierten. Pfarrer Hein wusste aber auch um die tieferen Ursachen; bereits 1834 hatte er in sein Notizbuch geschrieben: „Der Protestantismus hob den katholischen Unterschied des Priester- und Laienstandes auf und ließ dem protestantischen Lehramte keine andere Vollmacht übrig, als die des überwiegenden Geistes. In dieser erhabenen Stellung des protestantischen Lehramtes liegt einerseits die Würde, andererseits aber auch die große Gefahr und die Ursache des Verfalls unserer Kirche."

Im Jahr **1870** notierte Pfarrer Hein: »Die größte unserer drei hiesigen *Glocken*, welche im Jahr 1561 zu Frankfurt a/M gegossen worden war, ist am 9. April 1870 während des Läutens gesprungen. Man hoffte durch Aussägen des Sprungs dieselbe noch ferner benutzen zu können; allein das Übel wurde dadurch noch ärger gemacht, und die Glocke war nunmehr ganz unbrauchbar. Nach Besichtigung derselben von Seiten des Großherzoglichen. Kreisbauamts und aus Veranlassung desselben wurde hierauf mit dem Glockengießer Andreas Hamm zu Frankenthal, welcher selbst hierher gekommen war, um die Stimmung der Glocke zu den anderen festzustellen, ein Akkord wegen Anfertigung einer neuen Glocke abgeschlossen, bei deren Guss zugleich die alte verwendet werden sollte. Dieselbe wiegt 1200 lb. und wurde, nachdem sie an einem Wochentage unter Leitung des Glockengießers auf dem Turm aufgehängt war, am zweiten Advent nach gehaltener Vormittagspredigt mit einer besonderen Rede von der Kanzel aus durch den Schreiber dieses eingeweiht. Als Inschrift trägt die neue Glocke auf der einen Seite „gegossen für die Gemeinde Ober-Ramstadt von A. Hamm in Frankenthal", auf der anderen Seite „In der Zeit des Krieges der Friede sei ihr erst Geläute."«

Als Pfarrer Hein **1877** starb, erhielt **Johann Georg von Wachter** die Pfarrstelle. Sein Vater Friedrich von Wachter war General der Infanterie und letzter großherzoglicher Kriegsminister, sein Urgroßvater jener Georg Wachter, der einer der Taufpaten Georg Christoph Lichtenbergs war. Wachter führte das Pfarramt im Sinne seiner Vorgänger weiter: »Was die inneren kirchliche Verhältnisse betrifft, so ward an Verfassung und Cultus während meiner Dienstzeit nichts geändert«, meinte er rückblickend. Aber es geschah doch einiges. Im Winter blieb die Kirche immer noch kalt. Die 'Heizbarmachung der Kirche' kam erst gegen Ende der 70er Jahren ins Gespräch. Am 4. November **1878** schrieb Pfarrer von Wachter an das Großherzogliche Kreisamt Darmstadt: »Wir legen Gr. Kreisamt unser Protokoll der Kirchengemeindevertretungssitzung vom 16. Dezember 1877 gehorsamst vor. Dasselbe wolle aus Pos.II des Protokolls geneigt entnehmen, dass Kirchenvorstand und Kirchengemeindevertretung einstimmig die Heizbarmachung der hiesigen Kirche für wünschenswert halten und aus kirchlichen Mitteln hergestellt zu sehen wünschen. .... da die Kirche wohlhabend genug ist, um sich eine Einrichtung zu verschaffen, die zugleich gut und nützlich ist.« Der Kirchenofen wurde tatsächlich genehmigt und beim Eisenwerk Kaiserslautern gekauft. So hatte die Gemeinde im Winter **1879/80** erstmals eine geheizte Kirche. Im Jahre **1886** eröffnete die Kirchengemeinde den ersten *Kindergarten*, den man damals Kleinkinderschule zu nennen pflegte.

Im Jahre **1896** schrieb Pfarrer von Wachter einen ausführlichen Rückblick über die gesellschaftliche Entwicklung „unserer Kirche und unseres Vaterlandes". Im letzten Teil ging er auf die Gemeinde selbst näher ein: »Beim Beginn meiner Dienstzeit war die Gemeinde teils durch politische, teils durch persönliche Verhältnisse in verschiedene Parteien zerrissen, was auf kirchlichen Sinn und Kirchenbesuch schädigend einwirkte. Es hat sich im Lauf der Zeit durch die Predigt vom Evangelium der Liebe wohl Manches gebessert, doch hat die Gemeinde im Großen und Ganzen den Charakter der Unkirchlichkeit bewahrt, wie ihn mein Vorgänger im Amt gekennzeichnet hat. Trotz alledem ist nicht zu leugnen, dass in allen noch ein verborgenes Christentum lebt; denn alle, auch Sozialdemokraten, halten noch an kirchlicher Sitte, auch würden sie eine Schande darin sehen und eine Verkürzung ihres Rechts, wenn ihnen die kirchliche Begleitung bei Beerdigung verweigert würde. Auch das ist anzuerkennen, dass trotz der Unkirchlichkeit der Mehrzahl der Einwohner das sittliche und äußere wohlanständige Betragen sich bedeutend gehoben hat. Dazu haben außer der Predigt des Evangeliums gewiss viel die Vereine beigetragen, die zu Trägern der Cultur auf dem Lande geworden sind, wenn wir bedenken, dass sie durch Pflege des Gesangs und anständiger

Vergnügungen auf sittliches Verhalten ihrer Mitglieder streng bedacht sind. Diese Vereine, namentlich die Singvereine stehen der Kirche freundlich gegenüber; andere erscheinen bei besonderen Gelegenheiten in corpore in der Kirche oder bei Beerdigungen.«

Georg von Wachter schließt seinen Bericht „mit dem Wunsch und der Bitte zu Gott, dass er die Gemeinde, der ich 20 Jahre lang mit Liebe meine Dienste geweiht, in der ich das Evangelium verkündigen durfte, auch ferner unter seinem Schutz und Schirm wohnen lasse, und dass die Gemeinde dem Herrn Christo in Treue allzeit dienen möge. Amen"

Im Oktober **1896** erhielt der 74-jährige Pfarrer einen Assistenten: **Friedrich Axt**, dem ab Juli 1897 als Pfarrvikar die *selbständige* Verwaltung der Pfarrei übertragen wurde. Er war nur vier Jahre in der Gemeinde, brachte aber in dieser Zeit manches auf den Weg: Erste Versuche mit liturgischen Abendgottesdiensten und der Predigtgottesdienst an Silvester gehen ebenso von seiner Initiative aus, wie die Einrichtung einer *Krankenschwesternstation* und einer *Volksbibliothek*, die im Gebäude der Kleinkinderschule untergebracht wurden. Er führte ein, dass jedes Brautpaar eine Traubibel erhielt, und dass „auch bei der Beerdigung von Kindern den Gemeindegliedern der Trost des Evangeliums zu Teil wurde".

Unter Pfarrer **Albert Junker**, seit **1901** in Ober-Ramstadt, »wurden Familienabende eingeführt, der Gottesdienst mit Liturgie ausgestaltet und **1904** ein Zweigverein des *Evangelischen Bundes* gegründet.«

Im Oktober **1906** ging nach zähen Verhandlungen die *Kirche* in den Besitz der *Kirchen*gemeinde über. Streitpunkt war vor allem, dass laut Grundbuch „die Gemeinde" Eigentümerin der Kirche war - ohne Unterscheidung zwischen bürgerlicher und kirchlicher. Pfarrer Junker erreichte außerdem, dass auch der alte Friedhof, der die Kirche umgab, dabei blieb - „als Platz für eine spätere Kirchenerweiterung". Im Jahr **1912** sah es wirklich danach aus: »Was in diesem Jahr die Gemüter besonders erregte, war die Kirchbaufrage. Eine Besichtigung durch den Kirchbaumeister stellte größere Mängel, besonders an den Emporen, fest, so dass diese gestützt werden mussten, und seitdem viele Gemeindeglieder von der Furcht befangen sind, dass, namentlich bei stärkerem Besuch, ein Unglück passieren könnte. Durch Gottes Hilfe ist am Sonntag Judica eine Panik, die infolge heftigen Krachens im

Gebälk auszubrechen drohte, verhütet und unsägliches Unheil uns erspart worden. Ein Plan des Herrn Professor Pützer, der einen Umbau oder Anbau vorschlug, fand nicht die Zustimmung des Kirchenvorstandes und der Kirchengemeindevertretung. Beide Körperschaften sprachen sich einstimmig für einen Neubau an derselben Stelle mit Verwendung des brauchbaren Materials aus.« Trotz der ablehnenden Einwände des Kirchbaumeisters Professor Pützer und des Denkmalpflegers Professor Meißner hielt der Kirchenvorstand an seiner Absicht fest und schloss am 9. September **1914**, einen Monat nach Kriegsausbruch, mit den Architekten Mahr & Markwort einen Vertrag, die einen Entwurf im Stil Pützers schufen.

Abb.9 Entwurf von Mahr & Markwort

Was allerdings »die Arbeitskraft des in der Gemeinde allein amtierenden Pfarrers ganz besonders in Anspruch nahm, war eine sehr weit verzweigte soziale und vaterländische Hilfsarbeit während des Krieges.« Im Kriegsjahr **1917** musste Pfarrer Junker berichten: »Ein trüber Tag für die Gemeinde war der 11. Juli, der Tag, an dem uns zum letzten Mal der gewohnte Dreiklang der *Glocken* zum Gotteshaus rief. Die beiden größeren Glocken, aus den Jahren 1802 und 1870 stammend, waren enteignet worden; am folgenden Tag wurde mit ihrem Ausbau begonnen. Die Arbeiten, die glücklich vonstatten gingen, leitete Zimmermeister Ludwig Kehr III. dahier. Wenige Tage später wurden sie, mit Blumen geschmückt, abgeliefert, so dass uns jetzt nur noch die kleine Glocke geblieben ist. Nun ist es ja richtig, dass die Glocken keinen sehr großen historischen Wert hatten, und dass wir alle willig hergeben wollen, was nötig ist, aber dass dies nötig war, davon konnten sich viele nicht überzeugen; infolgedessen hat sich seitdem die Stimmung sehr verschlechtert, und der Kirchenbesuch ist seitdem merklich zurückgegangen namentlich seitens derer, die vordem die Kirche fleißiger besucht hatten.«

Für Albert Junker, der **1918** nach Lindenfels wechselte, kam **Friedrich Waas**. »Er hat die schwersten Jahre der letzten Zeiten in der Gemeinde erlebt: den unglücklichen Ausgang des Weltkrieges, die frevelhafte, volks- und landesverräterische marxistische Revolte, den wirtschaftlichen, sittlichen, staatlichen Niedergang. Er hat das alles tapfer durchgehalten.«

Als in der Nacht vom 8. zum 9. November 1918 die Absetzung des Großherzogs Ernst Ludwig beschlossen und verkündet wurde, ging auch für unsere Kirchengemeinde eine vierhundertjährige Ära zu Ende, die mit dem Speyrer Reichstag 1526 begonnen hatte. Seit jenem Reichstagsbeschluss war der Landesherr für die Kirchenordnung verantwortlich, wenn er in seinem Territorium die Reformation einführte. Nun, mit dem Ende der Monarchie, musste die Gemeinde vielmehr von sich aus Kirche sein, zumal die weiterhin bestehende Kirchenverwaltung in den folgenden Jahrzehnten mit sich selbst zu tun hatte, um in Staat und Gesellschaft den rechten Ort und eine angemessene Funktion zu finden. So war es gut und der Zeit entsprechend, dass das Vereinswesen auch in der Kirchengemeinde wirksam wurde, teils in regulären Vereinen, teils in formlosen Kreisen, teils in kirchlichen Einrichtungen.

Unter Pfarrer Waas wurde im Herbst **1918** der *Kirchenchor* gegründet, Bibelstunden und Kindergottesdienste wurden **1919** eingerichtet. Zum schon bestehenden Mädchenverein wurde ein männlicher Jungbund gebildet. Im Juni **1922** gründete Pfarrer Waas mit acht Mitgliedern der Evangelischen Jugendvereinigung den *Posaunenchor*. Er führte Passionsandachten und Volksmissionsvorträge ein. Die Gemeinde setzte alles daran, so bald wie möglich ein neues Geläut zu bekommen, was noch vor der Geldentwertung gelang. »Das wichtigste Ereignis im kirchlichen Leben **1919** war die Beschaffung der neuen Glocken. Es war der einmütige Wunsch des Kirchenvorstandes und der Kirchengemeindevertretung, der Gemeinde so bald wie möglich wieder zu einem würdigen Geläute zu verhelfen. Man holte deshalb Offerten über Bronce- und Stahlglocken bei verschiedenen Glockengießerfirmen ein und entschloss sich grundsätzlich dafür, anstelle der abgelieferten 2 Glocken ein neues Geläute von 3 Glocken zu beschaffen, und zwar Bronzeglocken. Die Lieferung wurde der Firma F.W. Rincker in Sinn (Nassau) übertragen, da diese das günstigste Angebot gemacht hatte. Die kleine Glocke sollte, da sie zu klein war, um mit den neuen Glocken zusammen ein harmonisches Geläute zu bilden, außer Betrieb gesetzt werden. Der Umbau des Glockenstuhls wurde den Zimmermeistern Gunkel und Kehr übertragen. Anfangs Dezember konnte in Sinn die Abnahme der Glocken erfolgen. Am 15. Dezember kamen die Glocken hier an, am folgenden Tag wurden sie in feierlichem Zug auf festlich geschmücktem Wagen vom Bahnhof zur Kirche gebracht, wo die ganze Versammlung in die Kirche strömte. Dort hielt der Ortsgeistliche, sowie Bürgermeister Rückert eine Ansprache, die Gemeinde sang "Ein feste Burg" und "Nun danket alle Gott" und man ging wieder auseinander, um am Sonntag darauf dann die festliche Glockenweihe zu begehen (21.Dezember), bei der auch der Kirchengesangverein mitwirkte und der Superintendent der Provinz, Geheimrat D Flöring, eine Ansprache hielt. So hatten wir die Freude, dass wir das Weihnachtsfest 1919 beim Klang der neuen Glocken begehen konnten«.

Die *kleine Glocke* blieb auf dem Dachboden der Kirche stehen, bis sie in den 1970er Jahren in den Kirchenraum geholt wurde und einen würdigen Platz in der Südostecke fand. Ihr Alter ist ungewiss; sie stammt wohl aus dem 15. Jahrhundert. Unter der Haube trägt sie eine spätgotische Schrift: »Ave Maria gratia plena dominus plenum«, deutsch: *Gegrüßest seist du Maria voller Gnaden, der Herr sei mit dir.* Im Schriftband steht noch ein kleines Relief: Christus am Kreuz mit Maria und Johannes. Die Glocke war wie der Altar der Kirche »Unserer lieben Frau« geweiht.

Am Pfingstmontag des Jahres **1922** (5. Juni) wurde nach dem Gottes-dienst das *Ehrenmal für die Gefallenen* unter Mitwirkung der acht

Männergesangsvereine eingeweiht. Die Weiherede hielt Pfarrer Waas. Nach der Enthüllung folgten Ansprachen von Bürgermeister Rückert und Regierungsrat Schäfer. Auf den Bronzetafeln stehen die Namen der 144 Gefallenen. »Den Opfern des Krieges von 1914 bis 1918. Sie starben, auf dass wir leben«.

Mit Kriegsende und Geldentwertung entschwand die Möglichkeit eines Umbaus der Kirche, aber trotz aller Schwierigkeiten ist es gelungen, von 1925 bis 1927 die Kirche völlig zu renovieren. Im Sommer **1925** wurden die ersten umfangreicheren Instandsetzungsarbeiten ausgeführt. An den Emporen war viel zu reparieren. Sämtliche Fenster wurden neu verglast. Auch die Kamine für die Öfen in der Kirche mussten erneuert werden, und neue Öfen wurden aufgestellt. Hinzu kam die Reparatur des Daches.

Abb.10 Kirchenraum ab 1927

Der zweite Abschnitt der Renovierung hatte eine völlig neue *Ausmalung* der Kirche zum Ziel. Der Frankfurter Maler Prof. Otto Linnemann wurde damit beauftragt. Am 4. September **1927** konnte die Kirche wieder in Dienst genommen werden; Pfarrer Waas selbst hielt den Festgottesdienst. Zwei Jahre später schrieb er zum Abschied: „mit dem Ausdruck des herzlichen Dankes und mit der festen Zuversicht, dass in der Gemeinde Ober-Ramstadt mehr christliches Leben, mehr lebendiger Glaube, mehr opferwillige Liebe vorhanden ist, als es auf den ersten Blick scheinen mag."

Eine feste kirchliche Frauengruppe gab es in Ober-Ramstadt seit **1928**. Eine kleine Schar von Frauen traf sich im Pfarrhaus bei Frau Pfarrer Waas. Dieser Kreis, der aus dem Alice-Frauenverein hervorgegangen ist, nannte sich *Mütterkreis* und wurde später von Frau Pfarrer Nürnberger übernommen. Ab 1933, nach dem unausweichlichen Anschluss an die 'Reichsfrauenhilfe', nannte sich der Ober-Ramstädter Mütterkreis »Evangelischer Frauenverein« (*Frauenhilfe*). Durch spontane Anmeldung und Werbung kamen über 300 Mitglieder zusammen. Es wurden 18 Bezirke gebildet. Jeder Bezirk wurde von einer Bezirkshelferin betreut.

Seit **1929** war **Paul Nürnberger** Pfarrer in Ober-Ramstadt. In seiner Amtszeit bis 1936 »wurde eine elektrische Läuteanlage in der Kirche hergestellt, die liturgische Christfeier und die Schulanfängerandacht eingeführt, Totengedenktag-Schlussfeier eingerichtet, der Kampf gegen die Freidenker und andere Kirchen- und Gottesgegner verschärft geführt, vaterländische Gedenkgottesdienste u.a. Feiern veranstaltet und das Winterhilfswerk gepflegt«. Anfang **1931** erschien zum ersten Mal ein Gemeindeblatt für Ober-Ramstadt. Pfarrer Nürnberger gab ihm den Titel *Glaube und Heimat*, was er ein Jahr später erläuterte: „Glaube und Heimat will in dir Glaube und Heimat zur Tat werden lassen. Es will wecken in dir die Kräfte des Glaubens und die Kräfte der Heimat." Der Lehrer Fritz Gevert hatte in derselben Ausgabe geschrieben: „Im Laufe der letzten fünfzig Jahre sind die Quellen unseres Volkstums immer mehr verschüttet worden, der Glaube durch Scheinwissenschaft, Mammonismus und offene Gottlosigkeit, die Heimatverbundenheit durch Mechanisierung und Industrialisierung." Zu dieser inneren Verunsicherung war in den zwanziger Jahren noch hinzugekommen, dass die Kirchengemeinde nach dem Wegfallen des landesherrlichen Kirchenregiments, in das sie eingebettet war, ein neues Selbstbewusstsein finden musste.

Gevert hatte die Vision einer moralisch-religiösen Stabilisierung auf der Grundlage der herkömmlich 'heilen' Welt. „Heimat" war für ihn, wo Mensch und Landschaft sich gegenseitig prägten, aber nicht nur als Ort der Kindheit und Jugend. „Glaube und Heimat" wollte sich auch an die „Ortsfremden und Heimatlosen" wenden, damit sie in einer „Evangelischen Glaubens- und Volksgemeinschaft" eine neue Heimat gewinnen können.

Das 'deutsche Luthertum' fühlte sich von allen Seiten bedroht: durch Atheismus von Marx bis Darwin, durch Internationalismus von Rom bis Moskau. Einen ideellen Halt bot der 1886 gegründete *Evangelische Bund*, der „die Sammlung und Einigung des deutschen Protestantismus kraftvoll förderte" und der seit 1904 in Ober-Ramstadt zahlreiche Mitglieder hatte. Der Bund will nicht, schrieb Pfarrer Nürnberger „dass das deutsche Volk wieder päpstlich werde, dass das deutsche Volk wieder heidnisch werde. Er will, dass unser Volk ein christlich Volk bleibe und immer mehr werde im Sinne der von Gott geschenkten Reformation. Reformation ist nicht Vergangenheit, sondern Zukunft!"

Im Juni 1933 schrieb er im Gemeindeblatt: „Wir stehen gerade eben mit unserem ganzen Volk vor Gottes Angesicht, vor dem Angesicht des Weltenlenkers und Weltenrichters, der uns in seinem Rat noch einmal eine Gnadenfrist geschenkt und uns noch einmal Führer gegeben hat, die wissen, dass sie für alles, was sie tun, ihm verantwortlich sind. [...] Die nationale Revolution gründet sich auf Volkstum und Blut. Die geistige Revolution gründet sich auf Glaube und Gott". Als der Reichsbischof der »Deutschen Christen« am Widerstand der »Bekennenden Kirche« scheiterte, erhielten die Anhänger einer »Germanischen Religion« Oberwasser, gegen die sich Pfarrer Nürnberger Ende 1934 in seinem Gemeindeblatt wandte: »Man sagt, das Christentum laufe germanischem Empfinden zuwider. Das stimmt aber gar nicht. Für das deutsche sittliche Empfinden sind zwei Tugenden von ausschlaggebender Bedeutung: Die Treue und das Freiheitsgefühl. [...] Die größte Spannung entsteht, wenn sie in Widerspruch miteinander geraten. Das war in der alten germanischen Religion der Fall. Er [der Mensch] sah sich gezwungen unter die Naturgewalten, die er als Götter ansah, von ihnen anhängig. Und zur Treue verpflichtet. Da traf ihn die christliche Verkündigung. Sie sieht das Verhältnis von Mensch und Gott, wie das von Vater und Kind, also als allernatürlichste Lebensbeziehung. Deshalb entsprach es durchaus dem Empfinden der alten

Deutschen, wie hier die Verbindung von Freiheit und Treue gegeben war. Sie haben deshalb darum auch das Christentum nicht, wie behauptet wird, widerwillig sondern gern angenommen. Sie hatten sich früh dem arianischen Christentum zugewandt; und als Karl d.Gr. und Bonifatius kamen, haben sie die christlichen Deutschen in die Hörigkeit Roms überführt. Das ist aber etwas ganz anderes. Ganz ähnliches gilt nun auch von den sittlichen Spannungen zwischen Sünde und Schuld. Das Gestelltsein in das zeitweitlige sittliche Schwachsein ist eine ebensolche Tatsache wie das zeitweilige körperliche Kranksein, die Sünde eine ebenso große Wirklichkeit wie der Tod. So wenig wie diese dem germanischen Wesen widersprechen kann, weil er einfach Tatsache ist, so wenig jene. Das alles gilt von der urchristlichen, der evangelischen Haltung. Die römisch-katholische hat so viele fremdartige Beimischungen in der vorreformatorischen Zeit aufgenommen, dass nun hier die Dinge ganz anders liegen. Die Reformation aber war das ganz natürliche Wiedererwachen der deutschen Seele, die wie von selbst zurückkehrt zur urchristlichen Haltung. Ohne jeden Zwang und ohne jede *äußere* Notwendigkeit, verständlich nur, weil die *innere* Verbindungslinie da ist. Das deutsche suchende und fragende Herz Luthers findet hier im Evangelium die erlösende Antwort. Es ist einfach der geschichtliche Weg, dass in das Strombett des deutschen Lebens der Geistesstrom des Christentums eingemündet ist. Und es hieße, sich gegen Naturnotwendigkeiten und alles geschichtliche Gewordensein stemmen, wollte man dem deutschen Volk das Christentum nehmen.«

So sah man vor achtzig Jahren den Reformator Luther.
Pfarrer Nürnberger schied von der Gemeinde mit dem Wunsch: „Möge die Gemeinde nichts anderes sein wollen als ein starker Stein in der festen Schutzmauer um Glaube und Heimat, um Kirche und Volk."

Als Nürnbergs Nachfolger kam im April **1936** D. **Karl Ludwig Berck**. Er war vorher Pfarrer in Essenheim (b.Mainz), Waldmichelbach, Mainz-Mombach und, als er dort 1923 von den Franzosen ausgewiesen wurde, bis 1934 in Roßdorf. In dieser Zeit war er auch Präsident der Landessynode. Dass er von Bischof Dietrich der 1934 neu geschaffenen nassauisch-hessischen Kirche unter dem Reichsbischof Müller in den Ruhestand versetzt wurde, ist nicht ohne weiteres verständlich. Vielleicht war nur Bercks Opposition gegen das nassauisch reformierte Element in der neuen Landeskirche die Ursache.

Über seine kurze Amtszeit bis Oktober 1938 in unserer Gemeinde schrieb er im Gemeindeblatt, dass „all das Gute, das seine Vorgänger unter Hilfe treuer Gemeindeglieder eingerichtet hatten, wacker weitergeführt und ausgebaut wurde. Gott erhalte der Gemeinde seine Gnade, dass in ihr Kirche und Volk immer mehr zusammenkommen und zusammenwachsen! Gott stehe der Gemeinde bei, dass sie deutsch und evangelisch sei bis in ihre Grundfesten und alle ihre Lebensfasern hinein. Gott erhalte den Bund zwischen Evangelium und Volkstum, den er in der Reformation geschaffen und durch die Jahrhunderte gesegnet hat, auch in der Gemeinde Ober-Ramstadt in den Herzen und Häusern bei Kraft und Leben! Das ist der Wunsch, mit dem ich von der Gemeinde Abschied nehme." Er war es, der die »Series Pastorum Oberramstadtiensis« aus dem *Hessisch-darmstädtischen Pfarrer- und Schulmeisterbuch* (Hassia sacra Bd.I) von Wilhelm Diehl in Glaube und Heimat veröffentlichte; die Texte finden sich auch in diesem Heft wieder.

Im schändlich denkwürdigen November **1938**, als die jüdischen Mitbürger ihre Synagoge verloren, kam Pfarrer **Hans Balz** nach Ober-Ramstadt. Die Gleichschaltung des Pressewesens wirkte sich bald auch auf das Gemeindeblatt aus: Ab April **1939** erschien *Glaube und Heimat* als Nebenausgabe des *Evangelischen Kirchenboten für Hessen*. Ab 1940 enthielt dieser nur noch eine Sonderseite für Ober-Ramstadt. Im Mai **1941** lag ein Zettel bei, der den Lesern mitteilte: „Die Kriegswirtschaft erfordert stärkste Konzentration aller Kräfte. Diese Zusammenfassung macht es notwendig, dass unser Blatt mit dem 1. Juni bis auf weiteres sein Erscheinen einstellt."

Dann kam der Januar **1942**: Zwei der drei Glocken wurden vom Turm geholt; zum Läuten blieb nur noch die Totenglocke. In der Chronik ist zu lesen: »Am Donnerstag, den 22. Januar, läuteten die Glocken zum letzten Mal. Herr Pfarrer Frank, in meiner Vertretung, hatte sie am 18. im Hauptgottesdienst feierlich verabschiedet. Er verlas ein von der Kirchenbehörde vorgeschriebenes Abschiedswort.«

Das Läuten der beiden Glocken wurde für Gemeindeveranstaltungen auf je einer Schallplatte aufgezeichnet, dazu auch zwei Ansprachen. Pfarrer Balz hielt sich weitgehend an Text und Sinn der 'Amtlichen Kanzelerklärung': »Zum zweiten Mal innerhalb einer Generation wird das Kriegsopfer der Glocken auch von unserer Kirchengemeinde gefordert. Wir bringen dieses Opfer in Freudigkeit und bewusster Siegeszuversicht. [...] Unsere Glocken steigen nun herab von dem Turme. Wir denken noch einmal an die feierliche und frohe Stunde, in der sie zum ersten Mal läuten durften. Es war im Jahre 1919. Da haben opferwillige Menschen in unserer Gemeinde ihr Scherflein dazugegeben, dass nach dem großen Weltkrieg wieder Glocken von diesem Turme läuten konnten. Zweiundzwanzig Jahre hindurch haben unsere Glocken über unsere Heimatgemeinde hinausgerufen die Botschaft, die uns aufgetragen ist. Sie haben damit unseren deutschen Brüdern und Schwestern gedient. Nun dürfen sie in anderer Gestalt mit draußen dabei sein, dass der Endsieg unser ist. Wir lassen sie ziehen mit dem Gebet auf den Lippen: Gott segne den Führer, Gott schütze unser Reich. O Herr hilf, o Herr, lass alles wohl gelingen.«

Die andere Ansprache wurde von *Ludwig Buß* gehalten: »Ihr lieben beiden Glocken, von denen wir uns jetzt verabschieden, erklingt noch einmal, und zwar das letzte Mal, gemeinsam mit eurer kleinen Schwester, die hierbleiben und den Dienst in der Gemeinde allein versehen soll. Wir danken dir, du große Glocke, die du so treu den Ruf Gottes 'O Land, Land, Land, höre des Herren Wort' in unsere Gemeinde getragen, und dir du mittlere Glocke, die du immer und immer wieder die Einladung unseres Heilandes 'Kommet her zu mir alle, die ihr mühselig und beladen seid, ich will euch erquicken' in diese Gemeinde mit deiner klaren Stimme riefest. Die Freiheit und das Himmelreich erlangen keine Halben. Weil wir ganze Männer sind, und zwar ganze deutsche Männer, die nicht nur das Himmelreich, sondern auch die

Freiheit ihres Volkes erwerben wollen, legen wir euch, ihr beiden Glocken, wenn auch mit schwerem, so doch mit freudigem Herzen auf den Opferaltar des Vaterlandes, damit auch ihr zu dem Endsieg unserer Waffen beitragen könnt. Mögen dann nach dem Krieg auch in unserer Gemeinde neue Glocken zur Ehre und zum Lob unseres Gottes wieder erklingen! Das ist unser heißer Wunsch.«

Orgel

Am Pfingstsonntag **1947** wurde eine neue Orgel eingeweiht. Bereits im Jahr 1941 hatte sich der Kirchenvorstand entschlossen, die Orgel von 1725 durch ein neues Werk zu ersetzen, weil viele der Holzpfeifen wurmstichig waren. Dies war allerdings nicht die erste Veränderung, wie eine Notiz in der Chronik belegt: »Da die Windbälge an der hiesigen Kirchenorgel mit der Zeit sehr mangelhaft geworden waren, so dass sie oft Störung bei dem Kirchengesang veranlassten, wurden dieselben im Sommer 1869 durch neue ersetzt und zwar durch zinkerne Zylinderbälge, welche ihren Stand nicht über der Orgel auf dem Speicher, sondern neben der Orgel erhielten.« Auf einem unscharfen Foto aus den 20er Jahren sind diese Metallbehälter zwischen Orgel und südlichem Fenster zu erkennen. Der Organist saß weiterhin, den Schalldeckel der Kanzel im Rücken, wegen der Mechanik direkt vor der Orgel. Das änderte sich erst bei der neuen Orgel; sie sollte statt der elf Register doppelt so viele erhalten. Mit der neuen Technik war es möglich, den Spieltisch an die Seite zu verlegen und den barocken Orgelprospekt ganz an die Brüstung zu rücken. Damit stand hinreichend Raum zur Verfügung. Den Auftrag erhielt die Orgelbaufirma Förster & Nikolaus in Lich; die Ausführung verzögerte sich allerdings wegen der Kriegsverhältnisse bis 1947.

*

Nachdem die Währungsreform von **1948** ein normales Wirtschaften wieder möglich gemacht hatte, wurden neue *Glocken* bestellt, diesmal sogar vier. Am »Freitag, 3. Dezember fuhr die Glockenabnahmekommission (Bürgermeister Peter Frankenberger, Glockensachverständiger Pfarrer Wißmüller, der Kontrolleur des Kirchenvorstandes Ludwig Buß und Pfarrer Balz) nach Sinn in die Glockengießerei Rincker, um die am Samstag vor Totensonntag gegossenen Glocken abzunehmen. Am nächsten Tag fuhr unser Kirchenvorsteher Karl Kumpf mit dem Wagen der Firma H.W. Fischer, gefahren von Herrn Huth, nach Sinn und holte die Glocken. Am Sonntag nach dem Gottesdienst wurden die auf zwei Wagen verteilten Glocken geschmückt. Um ¼4 Uhr fuhren sie zur Linde. Dort setzte sich der Zug in Bewegung. Vor der Kirche wurden die Glocken von einem Hebekran der MIAG abgeladen. Die alte Glocke, die neben der Kirche im alten Glockenstuhl aufgehängt war, läutete zum Empfang. Der Posaunenchor, der unterwegs Marschmusik gespielt hatte, spielte einen Choral, Pfarrer und Bürgermeister hielten eine Ansprache, wir sangen: "Lobet den Herrn". Gebet und Segen schlossen die Feier ab. Nun begann eine arbeitsreiche Woche. Samstag Nacht ½2 Uhr war es soweit, dass die Läutemöglichkeit bestand. Der 3.Advent brachte die feierliche Einweihung der vier Glocken. Bei der Einweihung wirkten Posaunenchor, Kirchenchor und die Gesangsabteilung der Kultur- und Sportgemeinde mit. Die Glocken wurden nach der Predigt einzeln mit ihren Namen gerufen und unter Anrufung Gottes in ihren Dienst gestellt. Sie läuteten einzeln nach ihrem Aufruf und anschließend zum ersten Mal zusammen. Es war für die Gemeinde ein ergreifender Augenblick«.

Im Dezember **1948** wurde die erste Nummer des Gemeindeblattes ausgetragen: »Endlich kann *Glaube und Heimat* wieder erscheinen. Über sieben Jahre haben wir das Heimatblatt entbehren müssen. Was wir darin lesen, ist die Botschaft der Kirche, und im besonderen der Heimatkirche.«

Im Dezember **1949** bekam die Kirchengemeinde vom damaligen Evangelischen Hilfswerk eine *Patengemeinde* in der Ostzone zugeteilt: Hohenweiden-Neukirchen bei Halle.

Prälat-Diehl-Haus

Am 9. August **1953** wurde im Pfarrhof an der Grabengasse der Grundstein für ein *Gemeindehaus* gelegt[3].

Das Vorhaben war bereits vierzig Jahre alt:
Im Jahr 1912 »fasste der Kirchenvorstand den Entschluss, die Pfarrscheune in ein Gemeindehaus umzubauen.« Das Großherzogliche Oberkonsistorium teilte dem Kirchenvorstand mit, »dass man gegen den beabsichtigten Umbau der Pfarrscheuer in ein Gemeindehaus nichts zu erinnern habe und sehe zunächst der Vorlage eines Plans und Voranschlags durch Vermittlung des Großherzoglichen Kreisamtes entgegen. Auch sei man damit einverstanden, dass mit der bürgerlichen Gemeinde wegen Ablösung der Baupflicht an der Pfarrhofreite in Verhandlung getreten werde.« Als sich dann herausstellte, dass der Bau 12.000 Mark kosten würde, ließ der Kirchenvorstand das Vorhaben fallen. Bei so viel Geld sei es besser, ein Gemeindehaus mitten im Ort zu errichten. Aber dann kam der Erste Weltkrieg und die Inflation mit anschließender Geldentwertung..
Im Jahr 1933 wurde die Idee eines Gemeindesaales erneut aufgegriffen, jetzt allerdings als Ausbau der Kleinkinderschule. Die Absicht erhielt hohe Dringlichkeit, als im Juli 1935 die NS-Reichsregierung kirchliche Veranstaltungen außerhalb gemeindeeigener Räume untersagte; der Saal vom naheliegenden Gasthaus zum Löwen stand also nicht mehr zur Verfügung. Man sammelte eifrig Spenden (und Stanniolpapier) und modifizierte Pläne – bis zum Ausbruch des *zweiten* Weltkrieges.

Ende der 40er Jahre kam Pfarrer Balz auf die alte Idee eines Gemeindehauses an der Stelle der Pfarrscheuer zurück. Die Finanzierung übernahm die Landeskirche; die bürgerliche Gemeinde unterstützte den Bau durch einen Sonderhieb aus dem Gemeindewald; die Kirchengemeinde hatte nur die Kosten für die Inneneinrichtung zu übernehmen. Die Planung wurde dem Kirchenvorsteher Dipl.-Ing. Heinrich Pfeiffer übertragen.

Am 9. August **1953** fand die feierliche Grundsteinlegung statt. Die Arbeiten gingen zügig voran, so dass am 23. Oktober 1953 das

---

[3] s. auch Festschrift »50 Jahre Prälat-Diehl-Haus« 2003

Richtfest begangen werden konnte. Ein Jahr später, am 3. Oktober **1954** konnte die Einweihung gefeiert werden: »Nach der Ordination des Pfarrassistenten Karl Becker im Gotteshaus zogen alle Gottesdienstbesucher hinüber in den Pfarrhof. Architekt Diplom-Ingenieur Pfeiffer übergab dem Gemeindepfarrer den Schlüssel zum Haus. Nach dem Einzug begann die Einweihungsfeierlichkeit. Propst Felix Rau gab dem Hause seinen Namen: *Prälat-Diehl-Haus*.« Der seitherige *Gemeindesaal im Löwen* hatte damit ausgedient.

*

In den folgenden Jahren wurde der Seitenbau im Pfarrhof, ursprünglich Schweinestall dann Waschküche, zu einem Jugendheim ausgestaltet und **1956** fertiggestellt. Es folgten Baumaßnahmen an und in der Kirche. Sie wurde außen völlig erneuert: neues Dach, neue Fenster, neuer Verputz und Anstrich (**1955/56**), sie erhielt eine automatische Schaltanlage für das Geläut (**1959**). einen neuen Altar (**1958**), eine Schaltanlage für die Beleuchtung (**1959**).

Die 'Gütertrennung' zwischen kirchlicher und bürgerlicher Gemeinde hatte um 1900 unter landesherrlicher Leitung begonnen, als entschieden wurde, was zu Kirche und Pfarrhaus gehört. Deshalb bestanden in der NS-Zeit klare Verhältnisse. Trotzdem gab es noch einige Bereinigungen. Im Jahr **1939** erwarb die Ortsverwaltung von der Kirche den oberen Teil des Pfarrgartens, um darauf ein 'bürgerliches' Leichenhaus zu bauen und einen Parkplatz anzulegen. Ende **1954** vereinbarte der Kirchenvorstand mit dem bürgerlichen Gemeindevorstand eine Änderung in der Trägerschaft für die Station der Rot-Kreuz-Schwestern. Die Krankenschwesternstation bestand seit 1898 als Einrichtung der Kirchengemeinde; die Krankenschwester stellte der Alicefrauenverein, bzw. seit 1938 das Mutterhaus der Alice-Schwesternschaft vom Roten Kreuz. Die Kirchengemeinde unterhielt dafür weiterhin die Station im Gebäude Schulstraße 6. Im April **1955** wurde die Station in »rechtlich öffentliche Hand« übergeben und 1957 in das eigens errichtete Gebäude in der Hügelstraße verlegt.

Am 11. April 1954 wurde die *katholische Kirche* in der Adam-Rückert-Straße eingeweiht; das Patrozinium »Unsere liebe Frau« sollte an die mittelalterliche Marienkirche erinnern. Durch den Zustrom von Flüchtlingen und Heimatvertriebenen hatte der Anteil katholischer Bürger deutlich zugenommen. Dies bewog Dekan Balz, am Schluss eines Berichts[4] »Aus der Geschichte der evangelischen Gemeinde Ober-Ramstadt« zu bemerken: »Unsere Väter haben mit Freuden das Werk Luthers bejaht. Seit der Reformation gab es in unserer Gemeinde keine römisch-katholische Kirche. Seit 1954 gibt es eine römisch-katholische Kirche. Auch die Sekten haben mit intensiver Werbung angefangen. [...] Die Zukunft wird es erweisen, ob die evangelische Gemeinde im Sinne des Väterglaubens auch in die Zukunft der Stadt Ober-Ramstadt geht.«

Seit Anfang der 50er Jahre hatte Pfarrer/Dekan Balz regelmäßig Vikare - Lehrvikare und Pfarrvikare. Im Jahr **1962** wurde die Pfarrvikarstelle in eine reguläre (zweite) Pfarrstelle umgewandelt, die der amtierende Pfarrvikar **Herbert Grimm** erhielt. Bei der Installationsfeier am 14. Juli **1963** wies Balz darauf hin, dass »diese erste Besetzung der Pfarrstelle ein Markstein in der Geschichte der evangelischen Kirchengemeinde Ober-Ramstadt sei. Nun gebe es nicht mehr nur einen Pfarrer, dem ein Pfarrassistent oder ein Lehrvikar zur Seite stünde, sondern zwei Pfarrer mit gleichen Rechten. Dekan Balz hatte inzwischen als Oberkirchenrat ein neues Amt in Darmstadt erhalten. Als im selben Jahr **1963** die Pfarrstelle I mit **Günther Arras** neu besetzt wurde, legte eine neu geschaffene *Pfarrdienstordnung* die Zuständigkeiten beider Pfarrer fest. Die Gemeinde wurde in zwei Bezirke aufgegliedert; die Grenze zwischen dem Südbezirk (I) und dem Nordbezirk (II) verläuft längs der Ernst-Ludwigstraße und Adlergasse. Jeder Pfarrer ist seitdem in seinem Bezirk für Besuche, Seelsorge, Amtshandlungen und Konfirmandenunterricht verantwortlich. Die Einheit der Gemeinde bleibt durch den einen Kirchenvorstand gewahrt, sowie durch die Tatsache, dass beide Pfarrer im Wechsel die Gottesdienste in der Kirche halten, und dass alle Veranstaltungen für die ganze Gemeinde angeboten werden.«

Pfarrer Arras setzte sich für die Anschaffung neuer Abendmahlgeräte und die Kirchenrenovierung ein. In diesem Zusammenhang schrieb er für »Glaube und Heimat« eine Artikelserie über »Unsere Kirche«. Sein Interesse für die Geschichte der Gemeinde zeigte sich auch darin, dass

---

[4] Festschrift »650 Jahre Stadtrecht«

er das Archiv systematisch ordnete. Umso erstaunlicher war es, dass er nach drei Jahren die Gemeinde verließ. »Es kam für mich so überraschend wie für Sie«, schrieb er **1967** in der Februar-Nummer des Gemeindeblattes »dass ich Ober-Ramstadt nach fast dreieinhalb Jahren wieder verlassen soll. In dieser Zeit bin ich in dieser Stadt heimisch geworden und habe mich mit meiner Familie in ihr wohlgefühlt. Aber bei der Entscheidung für die neue Aufgabe, die wir in Frankfurt übernehmen sollen, haben wir private Dinge zurückstellen müssen, und dafür bitten wir Sie um Verständnis. Als Studienleiter soll ich nun afrikanischen Studenten helfen, in unserem Land zu einer Ausbildung zu gelangen, die sie befähigt, in ihrem Land und ihrer Kirche in Afrika wertvollen Dienst zu tun.« Pfarrer Arras ging dann noch ausführlich auf die Situation in der Gemeinde ein, woraus hier nur *ein* Aspekt zitiert sei: »Eine besondere Last für die Pfarrer in Ober-Ramstadt sind die beiden Kindergärten. Ich bin immer wieder aufs neue betrübt gewesen darüber, dass man in der Öffentlichkeit diesen Dienst an den Familien und Kindern verwechselt mit irgendwelcher angeblicher Einflussnahme der Kirche, die man ja nach uralten Vorurteilen gerne unterstellt.« Im August **1967** wurde die Pfarrstelle I mit Pfarrer **Edmund Reccius** besetzt.

Ein Schwerpunkt für die Pfarrstelle II war das neue Wohngebiet auf dem „Eiche". Die ersten Häuser entstanden dort anfangs der 50er Jahre - durch zeitweise unwegsames Ackerland vom Ort getrennt. »Als die Siedlung sich vergrößerte, (berichtet Pfarrer Grimm) wurde es notwendig, dort auch mit Gemeindearbeit zu beginnen. Am 1. Advent **1958** fand im früheren Gasthaussaal der Familie Klaffke in der Reichenberger Straße nahe dem Geißenwald der erste Gottesdienst statt; 100 Leute nahmen daran teil. 1959 mietete die Kirchengemeinde diesen Raum samt einem Nebenraum an und eröffnete dort im Januar **1963** einen *Kindergarten*

Die Überlegungen, im Eichegebiet ein kirchliches *Gemeindezentrum* mit Pfarrhaus, Kindergarten und Gemeindesaal zu errichten, gehen bis in das Jahr 1958 zurück. Im Herbst 1966 konnte mit dem Bau des *Pfarrhauses* angefangen werden. Die Familie Grimm bezog es am 1. Juli **1968**. Der Nebenbau, der als ʻKüsterhausʼ vorgesehen war, diente zunächst der Gemeindearbeit: Gottesdienste (alle 2 Wochen),

Kindergottesdienst, monatliche Bibelgespräche und 'Offene Abende' mit Diskussionen über kirchliche und gesellschaftspolitische Fragen.

Zum Kirchweihfest **1968** feierte die Gemeinde das *250. Jubiläum der Einweihung der Kirche.*»In diesen 250 Jahren lebten mehr als acht Generationen. Sie fanden in dieser Kirche, die in den Jahren 1716-1718 erbaut wurde, nicht nur einen angemessenen Versammlungsraum, sondern eine Stätte der Anbetung und des Gotteslobes.« Am 24. August wurde im alten Rathaus eine Ausstellung eröffnet, die bis zum 8. September dauerte. Am 29. August hielt Prof. Dr. Werner Bartsch im Prälat-Diehl-Haus einen Vortrag zum Thema *Die Gemeinde der Zukunft.* Am 1. September fand der Festgottesdienst mit anschließendem Empfang im Prälat-Diehl-Haus statt. Am 4. September sprach Pfarrer Dr. Roman Roessler über *Die Aufgaben der Christen in der heutigen Welt.* Die Feierlichkeiten schlossen mit einem Gemeindenachmittag am 8. September.

Ende **1968** war die *Innenrenovierung der Kirche* in greifbare Nähe gerückt. Nach den Weihnachtsgottesdiensten 1968 wurde mit den Arbeiten begonnen. Die Elektrizitätsversorgung wurde dem modernen Stand der Technik angepasst, neu installiert wurden Leitungen für Wasser und Abwasser. Die Stuckdecke wurde durch eine Kassettendecke in Naturholz ersetzt. Auf den Emporen wurden die hoch getürmten drei Bankreihen entfernt, desgleichen die Stiegen an der Ostwand, mitsamt der Bretterverkleidung. Die im Jahr 1850 eingesetzten Türen wurden wieder zugemauert, und das Sakristeifenster wurde wieder Tür wie Anno 1771. Die Öfen wurden durch eine Warmluftheizung ersetzt. Der Heizungsraum mit Ölbrenner wurde am Platz des alten Leichenhauses errichtet. Dort wurde auch Raum für Toiletten und Gerätelagerung geschaffen.

Durch den Einbau der Heizung gingen die Eingriffe im Innern der Kirche sehr in die Tiefe; unter dem Fußboden wurde zur Rückführung der Kaltluft ein Kanal verlegt. Dadurch hatte das Landesamt für Denkmalpflege Gelegenheit, sich archäologisch zu betätigen und entdeckte dabei Fundamente der mittelalterlichen Bauten und mehrere Gräber.

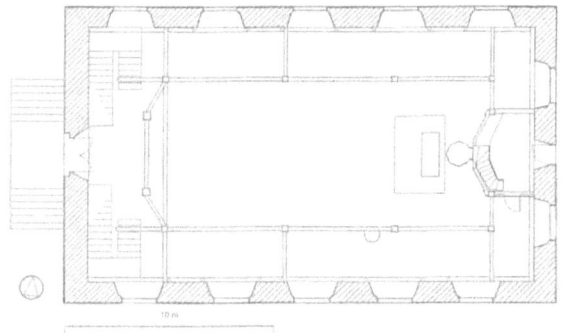

Abb.11 Grundriss um 1970

In einem Punkt wurde allerdings ein (liturgischer) Stilbruch in Kauf genommen: Der Taufstein wurde aus der Mittelachse des Raumes entfernt und gegen die Südwand hin versetzt. Gleichzeitig fand das große Kruzifix, das bis zur Renovierung über der Emporenbrüstung vor dem runden Fenster befestigt war, einen neuen Platz dem Taufstein gegenüber.

Abb.12 nach der Renovierung 1969

Am 12. Dezember 1969 wurde in der renovierten Kirche der erste Gottesdienst gefeiert. Seitdem wurde am Innenraum der Kirche nichts mehr verändert; das Äußere bedurfte wieder einmal einer Erneuerung, die im Jahr **1991** durchgeführt wurde. Bei dieser Gelegenheit musste der Gedenkstein über dem Portal abgenommen werden.

Im Sommer **1971** begannen die Arbeiten für den zweiten Bauabschnitt am *Gemeindezentrum Eiche*: für den *Kindergarten* im Erdgeschoß und das Gemeindezentrum im Obergeschoß (mit ebenerdigen Eingang von der Danziger Straße her). Anfang November 1971 konnte das Richtfest gefeiert werden. Die Fertigstellung zog sich allerdings sehr in die Länge. Im September **1974** war es endlich so weit, dass die Kindergartenkinder einziehen konnten.

*

Behindertenwohnhaus

Im Sommer **1974** kam es im Kirchenvorstand zu ersten Gesprächen über den Bau eines *Behindertenwohnhauses*. Ellen Schulz, unterstützt vom Diakonieausschuss, entwickelte ihre Idee, die Kirchengemeinde solle ein Haus für Familien mit körperbehinderten Angehörigen errichten. Durch das Entgegenkommen der Stadt Ober-Ramstadt konnte die Kirchengemeinde in einem Ringtausch den Platz in der Steinackerstraße erwerben. Es dauerte einige Zeit, bis die Finanzierung gesichert war; neben kirchlichen, städtischen und staatlichen Zuschüssen und Darlehen war ein Zuschuss des Deutschen Hilfswerkes in Höhe von 300.000 DM von großer Bedeutung. Viele Einzelspenden, zum Teil größere Beträge, zeigten, welches Interesse und welche Hilfsbereitschaft die Idee in der Bevölkerung Ober-Ramstadts fand. Am 22. November 1977 war es soweit. Ein Jahr später, am 3. Dezember **1978** (1. Advent) wurde das Haus seiner Bestimmung übergeben. Es hat sieben Wohnungen, die alle so gebaut und eingerichtet sind, dass sie für Körperbehinderte, auch mit Rollstuhl, geeignet sind. Im Jahr **1996** übertrug der Kirchenvorstand im Rahmen eines Erbpachtvertrages die Trägerschaft auf die Nieder-Ramstädter Diakonie, weil diese Institution für Betrieb und Unterhalt des Hauses optimale Voraussetzungen bot. Vier Jahre später beschloss man in Nieder-Ramstadt, »die stationären und ambulanten Dienste in kleinen Einheiten an unterschiedlichen Standorten in Südhessen anzubieten«. Die Erschließung des *MIAG-Geländes* ermöglichte es, dass in unmittelbarer Nähe des Behindertenwohnhauses eine ganze Gruppe solcher Gebäude entstehen konnte.

Paten- /Partnergemeinde Hohenweiden

1949 bekam die Kirchengemeinde vom damaligen Evangelischen Hilfswerk eine *Patengemeinde* zugeteilt: Hohenweiden-Neukirchen bei Halle. Schon zwei Monate später starteten die Ober-Ramstädter eine Hilfsaktion, der sie den Namen 'Liebesbrücke' gaben: Von der Frauenhilfe wurden mehrere Pakete nach Hohenweiden geschickt. Diese Paketaktion wurde bis zur Wende 1989 fortgesetzt;

Vom 10. bis 14. Mai **1955** war eine Delegation aus Hohenweiden (15 Gemeindeglieder, darunter Pfarrer Pleßke) zu Besuch in Ober-Ramstadt. Im Sommer **1956** wurde dieser Besuch von einer Gruppe von acht Leuten aus unserer Kirchengemeinde in Hohenweiden erwidert. Nach dem Weggang von Pfarrer Pleßke brach der offizielle Kontakt zur Patengemeinde ab, wurde aber auf familiärer Ebene, soweit es die DDR-Behörden zuließen, weiter gepflegt.

Im Juni 1983 erhielt Pfarrer Grimm zusammen mit vier Gemeindegliedern die Genehmigung zu einem Besuch und zur Teilnahme an dem Kirchentag, der am 18./19. Juni im nahen Eisleben stattfand.

»Wir fuhren alle fünf in meinem PKW«, berichtete er in *Glaube und Heimat* »Drei Stunden (einschließlich Geldumtausch) brauchten wir am Grenzübergang Herleshausen / Wartha, obwohl die Abfertigung zügig voranging. Gegen 16 Uhr langten wir an unserem Ziel an. Die Begrüßung durch unsere Gastgeber war wie gewohnt herzlich. Am Samstagvormittag mussten wir aber erst zur Anmeldung bei der Volkspolizei nach Halle. Ein Stadtbummel mit dem Besuch einiger Geschäfte schloss sich an. Am Nachmittag fuhren wir zusammen mit einigen unserer Bekannten aus Hohenweiden nach Eisleben.« Der Kirchentag stand unter der Losung ***Vertrauen wagen***. Dieses Wort »scheint mir kennzeichnend für die Art und Weise, wie die Kirche in der DDR ihren Auftrag versteht. Sie bietet den staatlichen Stellen wie den gesellschaftlichen Gruppen ihr Vertrauen an und ermuntert sie damit, gleichzeitig auch ihr und den Christen Vertrauen entgegenzubringen. In solchem Vertrauensklima, so erwartet sie, können auch strittige Fragen besser besprochen und bestimmt eher geklärt werden.« Der Antrag einer zweiten Gruppe aus unserer Gemeinde für die Teilnahme an einem Kirchentag, der drei Monate später in Wittenberg stattfand, wurde abgelehnt.

Nach der Wende waren endlich zwanglos Treffen möglich. Der erste Anlass war die Amtseinführung der Pfarrerin Annette Dobbrisch am 15. September **1991**. Ein Gegenbesuch der Hohenweidener fand am 14. und 15. November **1992** statt; sie kamen mit einem großen Bus. Für einige war es das erste Mal, dass sie den Ort sahen, aus dem die Päckchen mit Kaffee und Schokolade gekommen waren. Aus Dank und als Zeichen des Friedens pflanzte Annette Dobbrisch mit ihren Leuten neben dem Gefallenenehrenmal eine Linde, die man - als Gegenstück zur Lutherlinde *vor* der Kirche - *Friedenslinde* nennen sollte

Als am 14. und 15. Juni **1997** in Hohenweiden ein Glockenfest gefeiert wurde, nahm eine Delegation aus Ober-Ramstadt daran teil. Gefeiert wurde die Rückkehr der Glocken vor 50 Jahren, die im Zweiten Weltkrieg vom Turm geholt worden waren. Peter Kästner, der neue Pfarrer, führte die Gäste engagiert und sachkundig durch die Stadt Halle. Ein Gegenbesuch fand am 31. Oktober und 1. November **1998** statt - mit einem ökumenischen Abendgottesdienst am Reformationstag mit anschließendem Essen im PDH. Allmählich wurde ein generelles Dilemma erkennbar: Der Pfarrer 'drüben' hat mehrere Gemeinden; außer Delitz und Dörstewitz war mit dem Weggang von Pfarrerin Dobbrisch noch Holleben hinzu gekommen. D.h. Pfarrer Kästner hat eigentlich vier Partner im Westen. Die gegenseitigen Besuche haben sich deshalb in den familiären Bereich verlagert, der den 'demografischen Veränderungen' unterworfen ist.

*

Anfang der 1990er Jahre zeichneten sich größere Veränderungen ab, weil die beiden Pfarrer, die seit drei Jahrzehnten in der Gemeinde amtierten, sich dem Ruhestandsalter näherten.

Pfarrer Grimm, der Ende April **1994** ausschied, wurde in einem Festgottesdienst am 30. Juni offiziell verabschiedet. In der Juni-Ausgabe des Gemeindeblattes schrieb er:»Die Arbeit in und mit der Kirchengemeinde machte mir viel Freude. Drei Phasen möchte ich hervorheben: Die Intensivierung der Gemeindearbeit auf dem Eiche, seit wir 1968 die Pfarrwohnung in der Danziger Straße bezogen hatten; die Zeit als Dekan 1972 bis 1981, in der ich manchmal durch viel außergemeindliche Inanspruchnahme das Gefühl hatte, den Kontakt mit der Kirchengemeinde zu verlieren; die letzten 12 bis 14 Jahre, die wir als unsere schönsten in Ober-Ramstadt betrachten. Wir haben viel Vertrauen und Liebe erfahren, und dankbar darf ich das gerade auch für die Zeit meiner Krankheit vor drei Jahren sagen. Dank kann ich auch für die Zusammenarbeit mit dem Kirchenvorstand sagen, der sich im Lauf der Jahre von einem Beratergremium zu einem Mitarbeiterkreis gewandelt hat, ohne dessen Engagement manche Arbeit und manche notwendige Aufgabe nicht oder nur unzureichend getan würde. Damit verbunden mein Dank für alle, die in der Kirchengemeinde tätig sind oder waren, auf deren Hilfe und Unterstützung man vertrauen konnte, für alle, die meinen Dienst mit ihrem Gebet mit getragen haben, für das Zusammensein in den verschiedenen Gruppen und Kreisen.«

Infolge eines Schlaganfalls schied der ein Jahr jüngere Pfarrer Reccius bereits im Mai 1994 aus dem aktiven Dienst aus, d.h. gleichzeitig mit Pfarrer Grimm. Nach drei Jahrzehnten Kontinuität änderte sich damit innerhalb weniger Monate die Situation abrupt; einzig beständiges Element war der Kirchenvorstand, dessen Erfahrung und Selbstbewusstsein als Leitungsgremium von den Pfarrern glücklicherweise gefördert worden war.

Im Gemeindeblatt Mai **1995** schrieb Pfarrer Reccius: »In all den Jahren haben wir mit den Menschen hier Anteil genommen an dem, was das Leben ausmacht. Wir durften uns mit ihnen erfreuen an allem, was das Leben erfüllt und bereichert. Aber wir mußten sie auch bei manch schwerem und traurigen Anlaß begleiten. Solches Miteinanderleben verbindet und lässt Beziehungen wachsen, für die wir dankbar sind. Besonders dankbar bin ich für das kollegiale und brüderliche Miteinander, das mich die ganzen Jahre hindurch mit Pfarrer Herbert Grimm verband. Ein ganz wesentliches Anliegen meines Pfarrerberufes sah ich darin, die Christen „der getrennten Altäre" näher zusammenzuführen und den Abstand zwischen den Konfessionen kleiner werden zu lassen. Dem diente mein Bemühen, die Gemeinde an den Bewegungen und Veränderungen in der gottesdienstlichen Praxis teilhaben zu lassen. Der Gottesdienst war und bleibt für mich die zentrale Mitte des Gemeindelebens.«

Das Gemeindefest am Himmelfahrtstag **1995** war gleichzeitig die Abschiedsfeier für Pfarrer Reccius. In den kritischen Monaten des

Übergangs lag die ganze Last des Pfarrdienstes auf dem Pfarrvikar **Christian Wiener**, der seit Januar **1994** eine halbe Stelle hatte.

Vorausgegangen war der Antrag auf eine dritte Pfarrstelle, den der Kirchenvorstand im August 1991 gestellt hatte. Nach Ansicht der Kirchenleitung reichte aber für die insgesamt 5000 Gemeindeglieder eine zusätzliche *halbe* Pfarr*vikar*stelle aus. Die im Februar 1992 genehmigte (halbe) Stelle konnte zwei Jahre später besetzt werden. Da Pfarrvikar Wiener Anspruch auf eine ganze Stelle hatte, mussten sich die Gemeinden Ober-Ramstadt und Groß-Bieberau den einen Pfarrvikar teilen. Auf Empfehlung von Propst Caspary bildeten die beiden Kirchengemeinden einen „Verbindungsausschuss", der die Arbeit Wieners in den beiden Gemeinden koordinieren sollte. In der Praxis blieb es aber doch am Vikar hängen, zwischen zwei Gemeinden und zwei Dekanaten zu pendeln.

Die Pfarrstelle Nord konnte unmittelbar neu besetzt werden. Am 5. Juni **1994** wurde die Nachfolgerin, Pfarrerin **Renate Kluck**, eingeführt. Der Nachfolger im Südbezirk, Pfarrer **Ernst-Werner Knöß**, wurde am 22. Oktober 1995 in sein Amt eingeführt. Inzwischen hatte es auch eine Änderung bei der Pfarrstelle Nord gegeben, die sich Pfarrerin Kluck seit 1. Juni mit ihrem Mann, **Dr. Thomas Kluck**, teilte.

Als Pfarrer Wiener **1999** nach Schwalbach ging, übernahm das Ehepaar Kluck diese halbe Stelle zusätzlich. »Meine Zeit als Pfarrer in Ober-Ramstadt (schrieb Pfarrer **Wiener** im Gemeindeblatt) war von vielen Umbrüchen und Neuanfängen geprägt. Als ich in die Gemeinde kam, waren Pfarrer Grimm und Pfarrer Reccius noch im Dienst, in den folgenden Monaten kamen dann mit Pfarrerin Kluck, Pfarrer Kluck und Pfarrer Knöß diejenigen, die auch heute noch hier wirken. Ein neuer Kirchenvorstand hat seine Tätigkeit vor zwei Jahren begonnen. Beide Kindertagesstätten wurden in den vergangenen Monaten neu gebaut bzw. umgebaut. Zwei neue Jugendgruppen sind entstanden und sind sehr lebendig. Es war eine spannende und manchmal auch spannungsreiche Zeit in der Gemeinde, in der viel geschehen ist. Manchmal habe ich mir gewünscht, dass mehr Mut zu einer Veränderung da ist und auch, dass es gelingt, unterschiedliche Interessen auf einen Nenner zu bringen. Oft habe ich gemerkt, dass ich mit einer halben Stelle und einem Wohnsitz an einem anderen Ort nur bedingt das Geschehen in einer Gemeinde prägen kann. Für mich bleibt die Erinnerung an Ereignisse und Begegnungen, die mich geprägt haben.«

Bereits im Januar **2000** wechselte Pfarrer Kluck ganz zur Kirchenverwaltung nach Darmstadt. Im August wurde dem Kirchenvorstand dann mitgeteilt, dass nach neuerlicher Bemessung die halbe Stelle entfällt. Die Arbeit des Kirchenvorstandes wurde durch dieses Hin und Her in der Pfarrstellenbesetzung erheblich belastet. Hinzu kamen *Baumaßnahmen*, die in den 90er Jahren beinahe pausenlos liefen. Allein durch den Pfarrerwechsel ergaben sich Vakanzrenovierungen in den Pfarrhäusern. Außerdem war im Gemeindezentrum Eiche und im PDH lange Zeit „gespart" worden. Auf dem Eiche war es nach einer ersten Innenrenovierung (**1994**) vor allem der Umbau im Zusammenhang mit der Erweiterung der Kindertagesstätte. Im *PDH* betrafen die Arbeiten Dachfenster, Jugendräume (**1990**), Dach, Fußboden der Jugendräume (**1993**), Gasheizung, Fenster (**1996**), Küche für die Jugendräume (**1997**) und schließlich (**2003**) den großen Umbau gleichzeitig mit dem Neubau des *Dekanatsgebäudes*.

Seit **1994** hat die Kirche noch eine zweite Orgel: Die **Kleinorgel** an der Nordwand stammt aus der Kapelle des Sanatoriums Dr.Schüssler in Hahnenklee-Bockswiese, wo sie von 1969 bis 1994 in Gebrauch war; besonders geeignet ist sie für das Zusammenspiel mit musizierenden Gruppen im Altarbereich. Im Sommer **2003** wurden in der Kirche bei der Modernisierung der Heizung weitere Gräber gefunden.

Die größten Bauprojekte der 1990er Jahre waren die beiden *Kindertagesstätten*. Durch das neue Kindergartengesetz war die Stadt Ober-Ramstadt in die Pflicht geraten, weitere Plätze zu schaffen.

*

Von der Kleinkinderschule zum Familienzentrum
– Hundert Jahre im Rückblick

Pfarrer von Wachter griff **1886** die Idee Fröbels auf und eröffnete eine »Kleinkinderschule« in einem ausgedienten Gebäude, das der Schulstraße den Namen gegeben hatte.

Abb.13
Das Gebäude, die 1779 eingerichtete zweite Schule, war noch im Besitz der bürgerlichen Gemeinde. Erst zwanzig Jahre später erwarb die Kirchengemeinde dieses Anwesen Schulstraße 6.

Am 15. Juli **1941** übernahm »die NSV (Nationalsozialistische Volkswohlfahrt) den Kindergarten. Schweren Herzens nahmen wir von der so segensreichen und uns so liebgewordenen Arbeit Abschied.« Am Palmsonntag **1945** endete mit dem Einzug der US-Truppen in Ober-Ramstadt die Herrschaft des NS-Regimes. Pfarrer Balz konnte in der Chronik berichten:»Am Mittwoch in der Karwoche eröffneten wir bereits wieder den evangelischen Kindergarten unter der Leitung von Schwester Elisabeth Kreuzer. Über 100 Kinder besuchen ihn. Mehrere Helferinnen stehen zur Verfügung.«

Als die Kirchengemeinde auf dem Eiche im Anwesen der Familie Klaffke Räume für Gemeindeveranstaltungen anmietete, konnte sie dort **1963** einen Kindergarten eröffnen und einen lange gehegten Wunsch der Eltern erfüllen. Denn zwischen der Siedlung am Geißenwald und den Gleisen der Odenwaldbahn gab es nur einen erdigen Feldweg. Mit der Zahl der Häuser wuchs auch die der Kinder; die Einrichtung konnte nur ein Provisorium sein. Im Zuge der Flurbereinigung erhielt die Kirchengemeinde Baugelände am Eiche-Südhang, das im Rahmen eines Gemeindezentrums einen großzügigen Kindergarten erhalten konnte. Aus dem Anfangsbetrieb mit 44 Kindern war inzwischen eine Einrichtung mit drei Gruppen geworden. Auf Grund des persönlichen Einsatzes der Leiterin, Ursula Trapke, für die Nöte der berufstätigen Mütter war aus dem Kindergarten eine *Kindertagesstätte* geworden – als dieser Begriff noch gar nicht gebräuchlich war. Seit wann, lässt sich nicht sagen; diese Einrichtung ist still, einfach und unauffällig gewachsen, weil sie gebraucht wurde.

Der zweite Bauabschnitt des Gemeindezentrums enthielt im Erdgeschoss die Kindertagesstätte; im September **1974** konnten die Kinder einziehen. Die Räume waren für eine Kindertagesstätte mit drei Gruppen konzipiert; eine vierte Gruppe, die sich als notwendig erwies, wurde in einem Raum des Gemeindezentrums (im Obergeschoss) untergebracht.

Im *Betreuungskonzept* wurde in beiden Kindergärten, den aktuellen Anforderungen gemäß, die pädagogische Vorbereitung auf die Schule zunehmend berücksichtigt. Bei den Betriebskosten war die Situation unbefriedigend, weil die Stadt Ober-Ramstadt sich nur zögerlich beteiligte. Typisch war ein Antrag der SPD-Fraktion für die Stadtverordnetensitzung am 15. 2. **1974**: Der städtische Zuschuss von einem Drittel sei nur dann akzeptabel, „wenn das von der Kirchengemeinde erwähnte partnerschaftliche Verhältnis zu einer echten Mitbestimmung in allen Fragen des Kindergartens ausgebaut und durch einen *Kindergartenbeirat* in der Praxis ausgeübt werde."[5] Die Situation entspannte sich erst Ende der 1980er Jahre, als ideologische Prämissen in den Hintergrund gerieten, weil die Kommunen durch Gesetz verpflichtet wurden, genügend Kindergartenplätze zu schaffen. Die Kirchengemeinde erklärte sich grundsätzlich bereit, die Kapazität zu erhöhen. Hinzu kam, dass auch sie unter Zugzwang stand: In der Schulstraße entsprachen die räumlichen Verhältnisse nicht mehr den Anforderungen, und auf dem Eiche war eine Gruppe im Gemeindezentrum untergebracht, was vom Jugendamt wiederholt beanstandet wurde. So wurde im März **1993** ein Rahmenvertrag geschlossen, der im wesentlichen drei Aspekte enthielt: Ersatz des Kindergartens Schulstraße durch einen Neubau und Erweiterung der Kindertagesstätte Eiche mit weitgehender Baufinanzierung durch die öffentliche Hand, sowie eine Vereinbarung über die Verteilung der laufenden Kosten. Insgesamt – sowohl die Baumaßnahmen als auch den Betrieb betreffend – entwickelte sich in diesen Jahren ein konstruktiv partnerschaftliches Verhältnis zwischen Stadt und Kirchengemeinde.

---

[5] vgl. Pfarrer Arras 1967

Am 21. Dezember **1994** machten die Kinder aus der Schulstraße mit Plastikschaufeln den ersten Spatenstich im Pfarrgarten, am 2. Mai **1996** konnten sie endlich umziehen. Der Neubau war nun auch eine Kinder-*tagesstätte*. Am 30. Juni fand die offizielle Einweihung statt.

Abb.14 Kita im Pfarrgarten

In der Schulstraße ging das Licht allerdings noch nicht endgültig aus; die Räume wurden noch als Ausweichquartier für eine der Gruppen vom Eiche gebraucht, als dort im Herbst **1997** die Bagger anrückten. Das Gemeindezentrum sollte auf beiden Seiten Anbauten erhalten, die im Untergeschoss eine durchgehende Einheit bilden, nach oben sollte es in eine homogene Dachlandschaft einbezogen werden.

Abb.15 Dachlandschaft des erweiterten Gemeindezentrums Eiche

Da in der Kita Eiche der Betrieb weiterging, begann für die Erzieherinnen zwischen zwei Baustellen eine anstrengende, für die Kinder interessante Zeit. Wo gab es sonst noch einen Kindergarten mit zwei echten Baukränen und kinderfreundlichen Bauarbeitern. Bei der 'Grundsteinlegung' am 23. Januar **1998** durften zwei Kinder einen

„Schatz" einmauern. Bereits am 13. November 1998 fand die Einweihung statt.

Die Kirchengemeinde hatte nun zwei moderne, kinderfreundlich und großzügig geplante Kindertagesstätten. Der Kirchenvorstand musste sich allerdings fragen lassen, ob er sich und der Gemeinde nicht zu viel aufgebürdet hat – nicht finanziell, sondern wegen des Aufwandes. Entscheidend ist, dass sich die Kindertagesstätten in ein Gesamtkonzept gut einfügten, bei dem Kinder, Jugendliche und junge Familien im Mittelpunkt standen. Vor allem im Gemeindezentrum Eiche wurde die Betreuung der 'Krabbelgruppen' von Pfarrerin Kluck aktiv gestaltet, z.B. durch das „Frühstück mit jungen Eltern", bei dem religiöse, pädagogische und medizinische Themen zur Sprache kamen. Gut angenommen wurden auch die *Familienfreizeiten*. Sehr viel Anklang fand die (ökumenisch offene) Kinderbibelwoche in den Osterferien. In Anbetracht des merklichen Anteils ausländischer Kinder hatte der Kirchenvorstand bereits 1990 eine türkische Erzieherin eingestellt, um den Kontakt mit Kindern und Eltern zu erleichtern. Die konsequente Weiterentwicklung seit den 60er Jahren erhielt **2015** eine offizielle

Anerkennung, als das *Evangelische Familienzentrum Eiche* in das Förderprogramm der EKHN aufgenommen wurde unter aktiver Beteiligung von Landkreis, Stadt, Diakonischem Werk und Caritas. „Wir wollen", sagte die Leiterin Martina Knöß bei der Einweihung im Februar 2015, „sozial benachteiligte Kinder früh fördern und Kindern und Eltern aus anderen Herkunftsländern mit Wertschätzung begegnen. Immerhin besuchen Kinder aus 19 Nationen die Kita Eiche. Um uns herum leben viele Zugezogene, die wir in die örtlichen Strukturen einbinden und denen wir die Möglichkeit für Kontakte untereinander geben wollen."

 In dieses Gesamtkonzept fügte sich auch die *Gemeindebücherei* mit ihrer hundertjährigen Tradition ein, die seit 1989 im Gemeindezentrum Eiche vor allem Kinder- und Jugendbücher anbietet.

*

Im April **2002** wechselte Pfarrerin Kluck zur Südostgemeinde nach Darmstadt; im Gemeindebrief verabschiedete sie sich: »Wir schauen in herzlicher Dankbarkeit auf die acht Jahre zurück und erinnern uns gern an viele Gespräche und gemeinsame Unternehmungen. Die Gründe für den Pfarrstellenwechsel sind sehr unterschiedlich und vielschichtig. Nennen möchte ich die erfreulichen: In Zukunft werde ich wieder eine Stelle mit meinem Mann gemeinsam versehen, und das Gemeindekonzept der Südostgemeinde (einladende Gemeinde mit einem großen Gemeindezentrum mit integriertem sakralen Raum) entspricht genau unseren Vorstellungen. Ein Pfarrerwechsel hinterlässt manche Lücke in der Gemeinde, eröffnet ihr aber auch wieder viele Horizonte und Möglichkeiten.«

Ein ganzes Jahr blieb die Pfarrstelle Nord vakant; am 1. Juni **2003** wurde Pfarrerin **Vera Langner** in ihr Amt eingeführt.

*

Blatt oder Brief

In den 1920er Jahren war die Tendenz weit verbreitet, dass Kirchengemeinden oder Dekanate eine eigene Zeitung herausgaben. Dies geschah 1931 auch in Ober-Ramstadt. Pfarrer Nürnberger gab seinem Gemeindeblatt den Titel »Glaube und Heimat«. Gleich in den ersten Jahren wurde es ein Sammelbecken der geistigen Strömungen in der Kirche. Es wurde nicht verboten, geriet aber in den Würgegriff der Planwirtschaft. Ab April 1939 erschien es als Nebenausgabe des *Evangelischen Kirchenboten für Hessen*; ab 1940 enthielt er nur noch eine Sonderseite für Ober-Ramstadt. Ab Juni 1941 wurde der Kirchenbote gänzlich eingestellt. Als das Gemeindeblatt im Januar 1949 unter seinem alten Titel wieder erschien, hatte es nach kurzer Zeit 750 Abonnenten. Im März **1995** wurde der Titel geändert, weil er nicht mehr in die Zeit passte. Dem Volksmund entsprechend, allerdings hochdeutsch: »Ober-Ramstädter Kirchenblättchen«.

Seit Ende 1994 wurde daneben ein *Gemeindebrief* an alle evangelischen Haushalte verteilt. Auf die Dauer war aber die redaktionelle Arbeit an zwei Publikationsorganen zu viel. Außerdem gab es seit 2000 Schwierigkeiten mit dem Rechnungsprüfungsamt. Die Kirchengemeinde dürfe neben der Kollektenkasse keine eigene Kasse führen und schon gar nicht per Einzugsverfahren kassieren, dies stehe nur dem Rentamt zu. Im Dezember 2001 erschien die letzte Ausgabe des Gemeindeblattes; sieben Jahrzehnte Gemeindegeschichte sind dort archiviert.

*

Ende 2000 beschloss die Synode der EKHN ein Dekanatstrukturgesetz mit dem Ziel, die 'mittlere Ebene' durch hauptamtliche Stellen zu stärken. Für den Dekanatsamtssitz musste jeweils ein geeignetes Gebäude gefunden oder errichtet werden. Für das Dekanat Darmstadt-Land, dessen erster Dekan Pfarrer Balz war, beteiligte sich Ober-Ramstadt mit einem Angebot, das 2002 Gestalt annahm – als Anbau am Prälat-Diehl-Haus, das bei dieser Gelegenheit großzügig umgebaut werden konnte. Die Einweihungsfeier für das **Dekanatszentrum** im August **2004** war gleichzeitig das Jubiläum für das 50-jährige Prälat-Diehl-Haus.

Im Sommer **2011** verabschiedete sich Pfarrer Knöß im Gemeindebrief (»Einblick«) mit den Worten: »Mit vielen Menschen habe ich 16 Jahre lang am Netz *Gemeinde* geknüpft. Gemeinsam wurden viele tragfähige Knoten fest gebunden, die bis heute Bestand haben. Darauf lässt sich aufbauen und weiterknüpfen. Mein letztes Grußwort im Einblick möchte ich dazu nutzen, Ihnen für das entgegengebrachte Vertrauen und für die Zusammenarbeit herzlich zu danken.« Im August übernahm er an der Georg-Lichtenberg-Schule das Amt eines Religionslehrers und Schul-Seelsorgers für Schüler, Lehrer, Eltern und ehemalige Schüler. Die Pfarrstelle Süd blieb lange vakant, bis im Mai **2012** die Nachfolgerin Nicola **Bültermann-Bieber** kam.

Als der Kirchenvorstand im Hinblick auf das nahende Jubiläum eine Innenrenovierung der Kirche beschloss, stellte sich heraus, dass die Deckenbalken erhebliche Schäden aufweisen, so dass **2015** erst einmal der Dachstuhl saniert werden musste. Von da an schwiegen die Glocken, der Turm wurde eingerüstet, der Gickel neu vergoldet und die im März 1767 geschlossene *Laterne* wieder entdeckt.
Im Herbst **2016** war die Kirche wieder 'unter Dach und Fach', das Innere aber immer noch renovierungsbedürftig. Inzwischen hatte man sich entschlossen, einen *barrierefreien* Zugang zur Kirche zu schaffen – an der Südostecke unter dem Fenster. Dadurch verlor die Ostseite erstmals ihre Symmetrie. Vom 'Jubiläumsjahr' waren bereits vier Monate um, als mit der Innenrenovierung begonnen werden konnte.